ÉDIPO
UM HERÓI SEM PROTEÇÃO DIVINA
A SAGA DOS LABDÁCIDAS

DADOS INTERNACIONAIS DE CATALOGAÇÃO NA PUBLICAÇÃO (CIP)
(CÂMARA BRASILEIRA DO LIVRO, SP, BRASIL)

Alvarenga, Maria Zelia de
Édipo: um herói sem proteção divina: a saga dos labdácidas / Maria Zelia de Alvarenga. – São Paulo: Casa do Psicólogo®, 2009. – (Coleção heróis e heroínas da mítica grega)

Bibliografia.
ISBN 978-85-7396-635-0

1. Arquétipo (Psicologia) 2. Édipo (Mitologia grega) 3. Simbolismo (Psicologia) I. Título. II. Série.

09-01989   CDD 150.1

Índices para catálogo sistemático:
1. Édipo: Leitura simbólica: Psicologia 150.1

HERÓIS E HEROÍNAS DA MÍTICA GREGA

MARIA ZELIA DE ALVARENGA

ÉDIPO
UM HERÓI SEM PROTEÇÃO DIVINA
A SAGA DOS LABDÁCIDAS

© 2009 Casapsi Livraria e Editora e Gráfica Ltda.
É proibida a reprodução total ou parcial desta publicação, para qualquer finalidade, sem autorização por escrito dos editores.

1ª edição
2009
Editores
Ingo Bernd Güntert e Jerome Vonk
Assistente editorial
Aparecida Ferraz da Silva
Capa e projeto gráfico
Bravura Escritório de Desenho
Gabriel Pinheiro e Julio Sonnewend
Editoração eletrônica e produção gráfica
Ana Karina Rodrigues Caetano
Revisão gramatical
Eloisa Pires
Revisão final
Flavia Okumura Bortolon

Impresso no Brasil / *Printed in Brazil*
Reservados todos os direitos de publicação em língua portuguesa à

Casapsi Livraria, Editora e Gráfica Ltda.
Rua Santo Antônio, 1010
Jardim México Itatiba/SP - Brasil   CEP 13253-400
Tel.: (11) 4524-6997
www.casadopsicologo.com.br

Faço deste texto minha homenagem ao mestre

Prof. Junito de Souza Brandão

SUMÁRIO

Prefácio **9**

Introdução ao Mito do Herói-Heroína - Leitura Simbólica **13**

A Título de Explicação **23**

A Saga dos Labdácias **25**

Quem é Édipo? **27**

Édipo e seu Mito **31**

Quem são as deusas da vingança justa? **33**

A Família Maldita de Édipo (Labdácidas) **37**

Os ancestrais do Oriente – O rapto de Europa **39**

Cadmo, o Homem Primordial **49**

Os Filhos das Filhas de Cadmo e Harmonia **55**

Sobre Dioniso e o Bode Expiatório **59**

A Questão da Regência de Tebas **65**

A Casa de Pélops **69**

Os Jogos Olímpicos **73**

O Reinado de Laio **79**

As Marcas do Corpo Como Sinais de Identidade **89**

Édipo, a Esfinge e a Natureza do Enigma **91**

Édipo Rei **99**

Quem é Tirésias **103**

A Descoberta da Verdade: Édipo encontra Tirésias **109**

Gnôthi s´autón, medèn ágan **121**

Rito Iniciático e Desenvolvimento do Logos Espiritual **131**

Reflexões Finais **135**

Bibliografia **139**

PREFÁCIO

O texto sobre Édipo e sua família maldita inaugura uma coleção de títulos sobre heróis e heroínas da mítica grega. Esta coleção complementa o trabalho desenvolvido no livro: *Mitologia Simbólica, Estruturas da Psique & Regências Míticas.* O alicerce fundante dos vários volumes desta coleção será sempre a prioritária leitura simbólica do material. Importante lembrar que o enfoque simbólico aqui apresentado representa, tão-somente, uma das possíveis leituras que se pode fazer sobre esse acervo inestimável da sabedoria universal, traduzida pelos episódios míticos. A leitura simbólica será complementada, sempre que possível, com o relato dos vários mitologemas componentes do mito do herói/heroína.

Essa condição, relato das várias versões de um mesmo mitologema, ou seja, as chamadas versões *canônicas* e as *não-canônicas*, bem como os vários mitologemas[1] componentes do mito, fornecerão elementos para explicitar, de maneira simbólica, o pressuposto que denominei *"Caminhos Arquetípicos de Humanização"* e representa um recurso deveras importante

---

[1] *Mito* é um conjunto de histórias, relatadas de geração a geração, traduzindo o entendimento dos povos que as criaram e tinham, nessas histórias, a forma de explicar como o mundo se fez e tudo aconteceu. "Mitologema" é o conjunto de várias histórias míticas que traduzem uma mesma temática (exemplo- mitologemas do rapto, mitologemas do nascimento virgem, ou da iniciação feminina, etc. "Mitema" é a tradução de cada unidade constitutiva dos mitos e mitologemas; por exemplo: reconhecimento do herói pela cicatriz da perna.

para quem se ocupa de utilizar o mito como entendimento do material simbólico de seus pacientes. Sempre que se identifica um tema mitológico nas tessituras do material analítico, podem-se antever os possíveis caminhos a serem seguidos no processo de vida do cliente. Certamente, nem todas as sendas são exitosas, porém, se um final trágico se anuncia, a leitura simbólica poderá dar a antevisão dessa possibilidade, a qual se encontra retratada na temática mítica.

Por mais estranho que possa parecer, o mito pode ser olhado como tendo vários começos, muitos meios e os mais diferentes fins, em decorrência de suas muitas versões, bem como das interações sofridas por seus personagens ao incorporarem os atributos resultantes desses "*relacionamentos*". Cada um dos caminhos seguidos, decorrentes da incorporação de um ou mais desses mitologemas e suas interações, é um possível caminho de humanização dos arquétipos aí representados.

Em minha vida profissional, deparei-me algumas vezes com as *crônicas de uma morte anunciada*, antevistas nas entrelinhas do relato do cliente, relato esse permeado também com os caminhos trágicos anunciados pelos relatos míticos. E o conhecimento do possível mitologema que alicerça a morte anunciada foi de valor inestimável para a condução do processo analítico, uma vez que o mito também tem muitas saídas.

Outro elemento importante, fundamentador desta coleção, é retratar, com o auxílio dos vários mitologemas componentes do mito de cada herói/heroína, a possibilidade de um caminho de individuação desses personagens. Muitos se realizam, outros não. E, assim, poderemos analisar e avaliar, com mais vagar, os caminhos que levam ao fracasso. Aprender, aprender sempre, por mais doloroso que seja, pois a compreensão do fracasso nos tornará vencedores.

Importante lembrar que o personagem mítico herói/ heroína congrega em si mesmo realidades das várias estruturas componentes da psique, segundo o referencial de Jung.

Encontraremos nas passagens míticas o ego inflado, a sombra, as mais variadas manifestações da *persona*, as expressões da *anima* e do *animus*, as manifestações da Grande Mãe, as do arquétipo do Pai com suas múltiplas variantes, quais sejam: o Soberano, o Comandante, o Pai pessoal, o Divino etc., todos manifestos ora por seus aspectos criativos, ora por seus aspectos terríveis. Mas, acima de tudo, inegavelmente, o mito do herói/ heroína será sempre a melhor expressão do arquétipo do herói e da heroína.

A coleção será composta de vários volumes, sendo muitos escritos com a colaboração de companheiros e companheiras de jornada. Os títulos serão: Antígona; Asclépio; Aquiles; Édipo; Enéias; Héracles; Ifigênia, Jasão; Orestes; Orfeu, Psiquê; Perseu; Teseu; Ulisses, e outros que virão.

Maria Zelia de Alvarenga

INTRODUÇÃO AO MITO DO HERÓI-HEROÍNA
LEITURA SIMBÓLICA

Contar histórias, falar de mitos, descobrir heróis e heroínas de nossas vidas será sempre desvendar enigmas, mistérios, intuir e atentar para o não-evidente, encontrar respostas para as questões da alma. O mito somos nós e, por meio dele, nos relatamos, nos desvendamos, nos desnudamos. Cada um de nós é um mito, e se nos perguntarmos sobre as tarefas heróicas que tivemos de cumprir em nossas vidas para estarmos aqui, descobriremos com assombro a imensidão de trabalhos executados para realizar a batalha do cotidiano no processo da busca incansável.

Batalhamos o morrer e o nascer, criamos nossa própria história tão ímpar, tão única e, ao mesmo tempo, tão coletiva, tão humana, como são as histórias de todos nós. Reinventamo-nos a cada dia, em uma realidade singular e nos descobrimos pares, irmãos da mesma tribo, sonhando os mesmos temas oníricos, desejando concretizar as mesmas fantasias, cultivando os mesmos apetites. Como somos semelhantes!

O mito é fonte de conhecimento para o ser humano, conhecimento que demanda por ser descoberto, ter seu significado desvendado e sua compreensão compondo consciência e estruturando identidade. Desvendar é um processo de descobrir o que sempre esteve lá, nossas verdades, realidades que a consciência sozinha não consegue enxergar. Olhamos e não vemos, escutamos e não compreendemos o significado, mergulhamos em teorias sem entender o sentido da vida. Desvendar mistérios também é tarefa a ser cumprida por quem se propõe a questionar o mito. A leitura simbólica trará as respostas às demandas do processo da psique. O mito é um depositário de respostas aguardando perguntas. Se não soubermos ou se não formularmos as questões, não encontraremos o caminho. As nossas próprias questões, quando formuladas, somente terão respostas se nós as buscarmos. Se soubermos fazer as perguntas, as respostas estarão prontas, porque sempre estiveram lá.

Neste texto falaremos de heróis e heroínas, de suas histórias e proteções divinas. Faremos a leitura simbólica desse material, correlacionando os núcleos míticos com realidades da dinâmica da psique humana. Heróis e heroínas – personagens arquetípicos de realidades da alma do ser humano – estão em debates com seus conflitos intermináveis. Por serem parte de uma realidade simbólica, o conteúdo de suas façanhas será sempre relatado por uma linguagem alegórica.

E, assim, o mito do herói será a expressão figurada de como o desafio acontece, de como se resolve e, quando resolvido, em que instância inédita a psique se descobre. Se assim acontecer, cada um que se souber transformado pela emergência heróica experimentará a sensação de ter dado um salto quântico, pois se descobrirá ou passará a se saber como estrutura complexa.

A busca do conhecimento de si mesmo é anseio de todo ser humano e o herói mítico é a melhor expressão do buscar-se. A busca de si traduz condição primordial interminável e vem anunciada desde o alvorecer das primeiras culturas. O herói mítico pode ser visto como a figura arquetípica que estrutura os caminhos da emergência da consciência psíquica.

A criatura humana é figura composta, mistura intangível do ser e do não ser, de futilidades e profundezas, mesquinharias e grandiosidades. Sua natureza plural, carregada de controvérsias, polaridades e oposições, comum de um lado e ímpar de outro, revela-se única. O denominador comum reside talvez no enigma de, ao encontrá-lo, descobrir-se que o comum a todos é a condição de serem diferentes. O denominador comum está na imparidade.

A psique humana brota e, à imagem e semelhança do grão cultivado, passará a cultivar-se a si mesma. A identidade, ao se definir, far-se-á de início pelas parecenças, paridades, pelo que é comum a todos: o que é tido como identidade será traduzido pela condição de ser filho da mãe e do pai, pertencer à tribo, ter cabelos e olhos semelhantes aos dos demais, traços de rosto, cor de pele etc.

A primeira forja do processo de *identidade* estará ligada à estrutura corporal e a suas molduras socioculturais, confundindo-se tanto com as marcas do corpo, linguagem, como também com as roupas que usa, sandálias que calça, armas que carrega, pintura do rosto e, mais tarde, com o nome que lhe for dado. O Eu primordial, produto elaborado da psique humana, traduzir-se-á inicialmente por um corpo físico: corpo concebido, gestado, parido, alimentado, vestido e marcado, corpo protegido e armado.

O ser humano, após saber-se como identidade corporal, marcada e definida pelas semelhanças da raça, cor, traços e vestes, armas e cultos, crenças e deuses, buscar-se-á pelas imparidades, por sua natureza exclusiva. O reclamo maior será pela singularidade, pela imparidade.

O herói viabiliza a consciência de o humano saber-se fazendo, transformando o mundo. O ser humano descobre que o que faz é aquilo que traduz sua natureza mais própria. O herói define o humano como ação. A ação passa a ser o homem. A consciência de si e a individualidade do eu ampliam-se com a conjunção da criação: o homem é a ação, a obra, a poesia, a música, o texto, a fala, o sentimento sentido, o desejo que vibra; o humano é aquilo que sente, pensa, deseja, cria, faz. O herói sabe, porque sempre soube qual a façanha a executar; já nasce com o saber.

Seu caminhar para a gesta é reclamo arquetípico pelo buscar sua identidade própria. Mas não há como servir-se do herói do outro para cumprirmos nossas próprias missões.

A busca de si traduz reclamo arquetípico, emergindo de forma eruptiva, atropelando o eu, assumindo o comando da consciência e agindo como complexo constelado. A constelação ativa do complexo do herói comanda o espetáculo da vida, causando fascínio sobre o coletivo, trazendo a possibilidade da transformação do todo, pessoal e coletivo.

A figura heróica, na mítica dos povos, traduz sempre tempos de conquistas. A gesta heróica retrata o movimento universal pela busca do novo, do diferente. O herói configura a condição de transformação cultural quando os povos, pelo confronto de suas realidades regionais, passaram a olhar-se e desejar-se pelo que o outro tinha de diferente: sementes, animais, preciosidades, adornos, técnicas etc. O desejo que vem dos olhos faz o humano buscar, conquistar, incorporar, assimilar o outro. O novo a ser assimilado só o será pela condição arquetípica reclamante de mobilizações que vêm do outro, com o outro e pelo outro. O processo de assimilação, ao se assentar, forja complexidades e um novo padrão de consciência emerge. A assimilação gera conflitos dolorosos em face da própria transformação desconhecida que se anuncia. O reclamo pela transformação vence a barreira da oposição entre permanecer na endogamia e o exercer-se pelo exogâmico: o herói é a tradução simbólica desse movimento da alma do ser humano e da natureza dos povos em busca de novos caminhos.

O herói é o momento ímpar em que o Si-mesmo parteja a si próprio como criatura parida, com o que passa a saber-se humana, adquirindo consciência de si e, ao fazê-lo, descobre-se como criatura criada do casamento da Terra humana com o Divino celeste. O homem é sombra e luminosidade e, como criatura criada do interlúdio do celeste urânico com a mãe terrena, surge como herói, anunciando tempos novos.

O herói é relatado na mítica como tendo nascimento complicado, ameaças a sua existência e morte trágica; para se desenvolver, muitas vezes é levado a ser criado por um mentor que o preparará nas artes de conviver consigo mesmo e com seu mundo. Quando estiver apto, retornará para o exercício de funções que somente ele saberá executar. Apresentar-se-á paramentado com as heranças de suas origens tribais, consciência e identidade corporal e dotações com o que a divindade o agracia. O herói virá protegido por deusas e deuses, com escudos, capacetes, aletas, alforjes, espadas mágicas, dons de adivinhação, cura, premonição etc. Cada herói é um ímpar e, como tal, tradução da sabedoria sistêmica reclamante do estabelecimento da consciência e identidade psíquicas.

Que proteções são essas com as quais o herói é presenteado?

Certamente, todos se sabem possuidores dessas proteções no momento em que o herói emerge para o palco da vida. São os apadrinhamentos inesperados que financiam estudos, projetos; são as "estranhas coincidências" decorrentes de encontros fortuitos, gentilezas prestadas quando a oportunidade surge e que vêm retribuídas com o ganho inesperado. São os momentos que pedem estranhas opções; são as marcas deixadas pelas estradas pelas quais se passa, muitas vezes sem serem notadas, mas que se tornam magicamente significativas, em momentos futuros; e tantas outras *coincidências ou descobertas*, sendo impossível referir-se a todas. Entretanto, por mais convicto que se saiba dos atributos divinos que carrega, o herói sente-se muitas vezes ensandecido e ultrapassa a medida.

Esse processo de transformação confere a quem o experimenta a certeza interior de que nunca mais será o que foi antes. O que partiu para a jornada não retorna, pois experimentou mortes e renascimentos. No entanto, apesar de saber-se um novo ser, perceberá a presença de um eixo estruturante ligando todos os seus vários eus similares e diferentes entre si.

Esses eus poderão ser a tradução de aspectos mutáveis de máscaras ou roupagens diferentes que cada um vestiu ao longo de sua existência, porém, agora, com a certeza de ter em todas essas *roupas* o *cheiro* próprio de si mesmo.

O herói, como personagem mítico, retrata as muitas situações da psique. Para a Psicologia Analítica, esse personagem revela a estrutura específica da personalidade qualificada por Jung como o "arquétipo do herói". O herói mítico será a melhor expressão dessa realidade primordial.

O herói mítico é por definição um transgressor, e em todos os mitologemas componentes do seu mito encontram-se as realidades simbólicas de seu interminável processo iniciático. O herói mítico apresenta-se como a história da psique em seu processo ritualístico de passagem. Todos os seres humanos participam de ritos que lhes permitem acessar os mistérios, o que se faz por transformações ímpares que lhes conferem competência para o confronto com a face de Deus, face essa sempre toldada por véus que se descerram a cada façanha ritualística cumprida. E, a cada véu descerrado, crescem o desejo e o fascínio por chegar-se lá onde em sonhos já se esteve.

O mito do herói pode ser pensado como o somatório das histórias dos vários heróis de cada cultura. Cada personagem heróico retrata alguns aspectos das incontáveis tarefas a serem cumpridas nos vários ritos iniciáticos que permeiam o processo de individuação. Não há como seguir um processo de individuação sem a emergência do herói, fundamentalmente pelo fato de que individuar implicará transgredir e ninguém transgride se não tiver o herói ativado. Quem aceita o desafio de tornar-se ímpar precisa transgredir.

Todo processo de transformação, para ocorrer, demanda trair o preestabelecido, trair o certo, o estatuído, trair a tradição, a família, trair os princípios vigentes. Sem a traição ao velho não há como dar espaço ou ter abertura para o novo, para instituir o tempo novo. Talvez, somente o herói esteja autorizado a trair, pois a ele é dada a condição de poder ultrapassar a medida. E, para ultrapassar o *metron*, o herói haverá de ter competência para suportar os castigos que a divindade lhe imputar.

O herói é chamado sempre que o desafio se apresenta: seja para sair do colo da *mãe* e enfrentar o mundo, seja para escrever um texto expondo idéias contestadoras sobre a realidade vigente, para concorrer a um cargo de responsabilidade e assumir a função, sabendo-se sozinho para as decisões a serem tomadas. O herói é o companheiro de jornada da alma, da alma que se busca, da alma que se testa.

O herói que não cumpre a totalidade de seus ritos iniciáticos, diz o mito, ainda não está pronto para enfrentar os desafios da vida. Será então qualificado como *manco*, pois sofre da carência de atributos da psique para realizar sua missão. Em um primeiro momento, até aceita a demanda de mudar, de instituir um novo padrão, mas, ao encetar a viagem, encontra obstáculos que sua incompletude o impede de transpor. Sua incompetência pode ser representada pela *cegueira* dos tolos para vislumbrar respostas, pela *surdez* dos deslumbrados em ouvir as demandas do coração ou pelo *mutismo* dos amedrontados, impedimento para fazerem-se as perguntas necessárias.

O herói é um personagem em contínua e constante transformação, com o que se revela como promotor das transformações mais insólitas, mais inesperadas da psique. No sentido simbólico, o herói é o personagem que abre caminho para a emergência da *anima*, o caminho da criatividade, das grandes transformações da alma. Assim, no sentido mítico, o herói é o que recebe das mãos da deusa a semente que alimentará a humanidade, como retratado no mito de Triptólemo sendo instruído por Demeter sobre a difusão do plantio do trigo. O herói é também quem parte em busca de tecnologias, descobertas no contato com outras civilizações e, ao regressar ao seu reino, concorrerá para o crescimento e o desenvolvimento de seu povo. Quando Prometeu, no mito de criação do ser humano relatado por Protágoras (Platão: 1970, 320d a 322a), invadiu o Olimpo e roubou o *fogo* de Hefesto e a *techné* de Atená para cedê-los ao homem, estava certamente exercendo uma atividade/ função heróica, tradução de fenomenologia extremamente simbólica, configurando a instauração da realidade *consciência*. Podemos, portanto, pensar o herói como o personagem que realiza os ritos de passagem, forja competência para estruturação de símbolos, com o que gesta vários padrões de consciência.

A busca da singularidade reclama pela emergência do herói, tradução da criação mental, do que ultrapassa o interdito, sai da medida e diferencia-se do coletivo. O herói se define pela façanha executada. Herói e façanha, façanha e herói se fundem, gerando um nome próprio. Em seu nome reside sua força e seu esplendor. O herói é o personagem primordial que faz o que somente ele pode fazer. É a possibilidade de o ser humano tornar-se pessoa singular, fazer-se como indivíduo, traduzir-se como imparidade.

O coletivo, identificado com seu herói, corre junto nas pistas, desafia as alturas, combate as monstruosidades, atravessa oceanos em busca de terras novas. O coletivo desfila junto com o herói, com bandeiras nas costas, como torcida organizada. E vibra por receber a medalha.

O eu, fascinado com a emergência heróica, fica deslumbrado com a glorificação que o espera. Porém, à noite, quando o herói adormece dentro da alma, usufruindo do repouso merecido do guerreiro que é, o eu vela e descobre que *se comprometeu* demais em fazer coisas *impossíveis*, e o desespero virá. O eu *dentro* do corpo se dobra e se encolhe sobre si mesmo, como se tentasse diminuir o espaço ocupado pela *ufanice* do herói. O eu enrodilhado esconde o rosto entre as pernas fletidas, com as mãos segurando a própria cabeça para não se perder com os desafios e desvarios do herói. O pranto silencioso, no escuro do quarto, povoará sua noite, e o desejo de ter um colo para segurá-lo e não deixá-lo partir o atormentará.

Todos precisamos de heróis, principalmente por eles nos fazerem realizar o melhor de nós mesmos, por mobilizarem desejos de ultrapassar a medida do possível, e de ter consciência de podermos transformar nossas "loucuras" em sementes de esperança. Precisamos de heróis para suportar o peso dos desafios, o custo dos medos, o pavor das derrotas, a ansiedade da espera, a ameaça da força dos ventos que nos fazem vergar e, muitas vezes, nos quebram.

O herói é o personagem que nos faz acreditar no caminho quando não há estrada; faz-nos guardar segredos, mesmo quando todos reclamam por revelações. O herói alimenta a esperança de poder voar, quando a vida nos faz rastejar.

O que o herói faz passa a ser o que indivíduo é.

Saber o herói em mim é ter certeza de onde viemos e intuir para onde vamos, escolhendo ser livre para viver e ter coragem para morrer...

Todos precisamos de heróis...

A TÍTULO DE EXPLICAÇÃO

Ao longo desses últimos vinte e cinco anos, venho descobrindo o encanto da mitologia, especialmente a mítica grega. Tenho lido, estudado com afinco, feito cursos, ministrado aulas sobre a matéria, ouvido Junito Brandão por anos a fio em suas aulas magistrais, sejam as dadas na PUC de São Paulo, na década de 80, ou as aulas no Palas Athenas, na década de 90, ou nos cursos ministrados no Masp, no Sesc, e em tantos outros. Nos lançamentos de seus livros, lá estava eu. Nas palestras que antecipavam as peças trágicas, como Fedra, As Bacantes, lá estava eu.

Como fazes falta, mestre!

Continuo a ouvi-lo, seja através de seus livros, seja por conta das memórias de suas falas que emergem quando estou dando minhas próprias aulas, ou coordenando meus grupos de estudos de mitologia.

O estudo da mitologia proporcionou-me amplidão de horizontes para realizar as leituras simbólicas dos sonhos, fantasias e conflitos, tanto os meus quanto os de meus clientes. O conhecimento da mitologia foi também de serventia inestimável para o entendimento dos quadros psicopatológicos de alguns pacientes para os quais fui solicitada a elaborar laudos médicopsiquiátricos.

Nestes tempos tão longos, as leituras se somaram e muitas são as vezes que reconheço a informação, mas não consigo mais localizar a fonte específica. Os textos que tenho escrito são, certamente, fundamentados nessas leituras literais, e todas as informações de caráter mítico, em sua maior parte, decorrem das aulas e cursos que realizei com o prof. Junito Brandão, de seus textos de Mitologia Grega e dos Dicionários Mítico-Etimológicos. Decorrem também, certamente, dos textos de Robert Graves, de Karl Kerényi, de Joseph Campbell, de Roberto Calasso, de Homero, Hesíodo, Virgílio, Apolodoro, de Ésquilo, Sófocles e Eurípides, de Platão, Ovídio, Apuleio, de Jung, Hillman, Lopez-Pedraza, Vernant, Toynbee, Shinoda, do Dicionário de Símbolos de Chevalier e Gheerbrant, e muitos e muitos outros. Ajudaram muito também as pesquisas realizadas pela internet.

A leitura simbólica dos textos míticos representa uma das atividades intelectuais que mais prazer me confere. Dessas leituras decorrem entendimentos que me levaram a formular os conceitos de "Caminhos Arquetípicos de Humanização", "Tipologia dos divinos gregos", "Estruturas da Psique e suas Regências Míticas".

Dessa forma, somente quando eu me servir de citações literais, a fonte será nomeada; a minha autoria restringe-se somente às leituras simbólicas, às correlações entre mitos e psicologia analítica e meu jeito próprio de contar as histórias.

Maria Zelia de Alvarenga

A SAGA DOS LABDÁCIDAS

Herói faz, não manda fazer

QUEM É ÉDIPO?

É um personagem mítico, heróico, manco e tido como decifrador de enigmas. Talvez seja um solucionador de mistérios por ser manco. Como não podia ser atleta, por não ter pernas para correr, tornou-se um herói da mente, do conhecimento, ou seja, o que sabia responder perguntas. Se assim fizermos a leitura do mito, estaremos restringindo-nos à sua literalidade. Ser manco, todavia, significa não estar pronto para o cumprimento de sua tarefa, ou, ainda, ser manco é não ter cumprido os ritos para adentrar os mistérios da vida adulta, conseguindo adquirir o conhecimento de si, da consciência. Faltam-lhe elementos estruturais de personalidade, sem os quais o risco de titubear ou fracassar em sua empreitada estará presente.

Édipo é o melhor exemplo ou modelo do herói que se busca: busca a si mesmo, sua origem, sua ancestralidade, sua terra, sua família, sua história de vida. Busca sua identidade profunda, sua individualidade. Talvez, por ser um herói *psíquico*, dotado de grande desenvolvimento de atributos mentais, em detrimento dos atributos físicos, ou seja, por ser um aleijão, Édipo esconda-se de sua própria incompetência, de sua ferida física – expressão simbólica de sua lesão de alma – e ocupe-se de ser um *pensador*, o mais brilhante possível. Nega seu defeito físico da mesma forma como nega sua condição de *plastós* (Brandão, 1991, p. 307) ou filho postiço, adotado.

Édipo pode ser considerado um manco de alma, ferido no mais profundo rincão da psique, tão ferido que se apresenta como *coxo*. E há de convir que as psiques profundamente magoadas, sejam pelo abandono precoce, sejam pela traição impeditiva para que o processo de individuação se realize, reagem e se defendem, no mais das vezes, pela negação de suas dores ou pela hipertrofia de polaridades que mais distorcem e denunciam a sua condição de ser um aleijão. Édipo, por ter um defeito no pé, retrata sua imperfeição de base estrutural na incompetência para manter-se na posição vertical – característica do homem. Assim, para sustentar-se, precisa de um apoio, uma terceira perna, que tanto o sustenta como o denuncia, e que será usada como veículo de expressão de sua ira. Quando, no caminho de volta a Delfos, impedido de ter a primazia da passagem, sentiu-se ultrajado, ofendido de tal forma que sua arrogância o fez desferir golpes mortais com seu terceiro pé, confirmando a sentença fatídica de Apolo: *estás destinado a matar teu pai...* E Édipo realizou seu destino!

As paixões cegam, sejam as de amor, sejam as de ódio. Quando alguém se apaixona por outro, ninguém há de mais formoso, belo, íntegro que esse outro, objeto da *depositação amorosa* do apaixonado. Toda depositação implica a criação de um prolongamento de **Um** sobre o **Outro** e representa aspectos idealizados desse alguém, tradução de demandas arquetípicas, ainda não estruturadas como realidades simbólicas da própria consciência. Todavia, se o Outro repudia ou ignora a depositação amorosa, passará então a receber a depositação *odiosa do apaixonado*.

Talvez essa enantiodromia[2] de depositações apaixonadas seja resultado da demanda de todas as pessoas por atualizarem-se

---

[2] Enantiodromia significa "passar para o outro oposto", uma "lei" psicológica pela primeira vez esboçada por Heráclito, significando que mais cedo ou mais tarde tudo se reverte para seu oposto. Jung identificava isso como "o princípio que governa todos os ciclos da vida natural, desde o menor até o maior" (CW 6, parág. 708). Traduz a condição de um fenômeno que se apresenta como manifestação na psique poderá inevitavelmente reverter e mostrar-se como o oposto do primariamente expresso. Para Jung o utilizou o conceito se refere à ação inconsciente conflitante com os desígnios da mente consciente. A lei da enantiodromia subordina-se ao princípio de compensação de Jung. Sempre que predominar uma tendência unilateral na vida consciente, com o decorrer do tempo, acaba por converter-se numa posição contrária inconsciente que se manifestará como um obstáculo ao rendimento consciente, e mais tarde, como uma interrupção na direção consciente.

como um *Ego Ideal*. Na realidade, esse *Ego Ideal* nada mais é que um complexo autônomo e, portanto, expressão de estruturas arquetípicas com características de onipotência, infalibilidade, perfeição. No momento em que o *objeto* da depositação amorosa apaixonada repudia ou ignora esse sentimento, o *Apaixonado* recebe o repúdio como a rejeição ao que supõe ter de mais perfeito, belo, único em si mesmo.

Repudiar ou ignorar o *Apaixonado* configura condição de descomedimento, pois é como se a própria divindade – complexo autônomo – fosse rejeitada, com o que o *Apaixonado* passa a desferir anátemas, raios e trovões, maldições e toda a sorte de desvarios. Para o *Apaixonado*, o objeto do apaixonamento torna-se configuração do mal, do demônio, fundamentalmente porque o *Outro* não o devolve como se fora o mais perfeito, belo, único como se julga ser. O *Outro*, objeto de depositação, assim considerado, nada mais é que mero complemento simbiótico do *Apaixonado*.

Édipo precisa amar o que **supõe** ter sido desde sempre repudiado em si mesmo pelo outro, pelo mundo. Ao apresentar-se como um coxo, assim o mito o retrata, com um defeito físico imposto pela monstruosidade parental – lembremo-nos que teve os pés transfixados por um aguilhão –, manco também pela hipertrofia de sua polaridade *logos*, somente se sabe admirado e reconhecido por sua instância deslindadora de enigmas. Como não tem pés para sustentá-lo, falta-lhe harmonia, jogo de cintura. Édipo não sabe dançar, não consegue flutuar sobre as adversidades. Quando se exerce nos seus relacionamentos, será sempre rígido, não terá interlocutores, não terá confidência e será, por certo, um amedrontado diante da sempre possível traição.

Para defender-se, torna-se arrogante pelo grande investimento que faz no seu desenvolvimento e competência intelectiva, mas carece de sua instância complementar *eros*, que veicularia energia para o exercício do *logos* como realidade fertilizante da relação com o outro. O exercício defensivo do *logos* como forma de poder e dominação, torna o próprio logos empobrecido da condição de tornar-se espiritualizado. Podemos dizer que o *logos* de Édipo é eminentemente defensivo, usado para a conquista do *poder*, poder esse que atesta competência, dominância, e não como *logos* fertilizador permeado por *eros*. E o *poder* conquistado pelo *Logos*, *sem o veículo do eros* fertilizante, será trágico, eivado em prepotências, destituído de misericórdia, para com o outro e para consigo mesmo.

ÉDIPO E SEU MITO

Édipo é um dos mais profundos e complexos mitos da humanidade e da Civilização Ocidental. Pode ser visto como um mito em si mesmo ou como um mitologema pertencente a um mito maior. O herói descende da família dos Labdácidas (λαβδαχιδασ) considerada maldita, assoberbada pelas tragédias que atingiram seus componentes e permeada por muitos crimes ou ofensas à grande deusa. Seu avô chamava-se Lábdaco (λαβδαχο) e o pai Laio (λαιο). Ambos os nomes escritos, em grego, com a letra Λ ou λ lambda), cuja representação gráfica expressaria uma condição física de personagens com defeitos físicos, tortos, mancos, cambaios, com os pés para fora. Esse é o entendimento da pesquisadora francesa Marie Delcourt, citada por Junito Brandão em seu texto *Mitologia Grega* (1986). Segundo a interpretação mais corrente, Lábdaco, pai de Laio e antigo rei de Tebas, teria seu nome derivado do *Lépein*, que quer dizer *esfolar*. Isso porque, assim como o rei Penteu, Lábdaco ter-se-ia oposto ao culto de Dioniso em Tebas e, por conta disso, foi despedaçado pelas bacantes (Boechat, 2008).

Famílias malditas são aquelas nas quais crimes contra a natureza são cometidos, por vários integrantes do mesmo clã, ao longo de várias gerações, acumulando anátemas para todos os componentes do *guénos* (pessoas da mesma família ou tribo).

Crimes contra a natureza são dolos contra a lei divina. Quando cometidos, configuram ofensas à divindade, podendo também ser chamados de pecados ou manchas, ou ainda, na mítica grega, de *hamarthia*. Os crimes, ou pecados, ou *hamarthias* são cometidos, muitas vezes, por mero acidente. Apesar de o criminoso expiar o crime ou morrer em função do mesmo, a marca da falta cometida mantém-se nas gerações seguintes. Após gerações sucessivas, dolos se acumulam e o processo *hamártico* se compõe, configurando um grupo assolado pela maldição, pela perseguição insistente exercida pelas divindades da *vingança justa* sobre os descendentes.

QUEM SÃO AS DEUSAS DA VINGANÇA JUSTA?

As deusas da vingança justa, ou deusas da vingança do sangue parental derramado, são conhecidas como Eríneas ou Fúrias. Descritas por Hesíodo, em seu texto *Teogonia* (1993, versos 116 a 127), nasceram da castração de Urano:

116. Veio com a noite o grande Céu (Urano), ao redor da Terra (Géia)
117. Desejando amor sobrepairou e estendeu-se
118. A tudo. Da tocaia o filho (Crono) alcançou com a mão
119. Esquerda, com a destra pegou a prodigiosa foice
120. Longa e dentada. E do pai o pênis
121. Ceifou com ímpeto e lançou-o a esmo
122. Para trás. Mas nada inerte escapou da mão:
123. Quantos salpicos respingaram sanguíneos
124. **A todos recebeu-os a Terra; com o girar do ano**
125. **Gerou as Erínias duras**, os grandes Gigantes
126. Rútilos nas armas, com longas lanças nas mãos,
127. E Ninfas chamadas Freixos sobre a terra infinita.

As Eríneas: *Alekto*, a que atormenta; *Tisífone*, a que promove a vingança, e *Megera*, a que mobiliza a inveja, estão presentes sempre que um crime contra a vida é cometido. O homicídio, na linha troncal, constitui o maior de todos os crimes da dinâmica matriarcal, sendo considerado sagrado quando cometido dentro do *guénos*, do núcleo tribal, contra uma pessoa do mesmo sangue (*personae sanguine coniunctae*). A vida é o maior bem da Natureza e, em sendo atributo da Deusa, não pode ser tirada, consumida, sob nenhuma hipótese. Somente ela, a Grande Mãe, poderá decidir sobre a morte de seus *filhos*.

As maldições *hamárticas*, decorrentes dos atos homicidas, recaem sobre todos os membros do *guénos*. Não haverá como vingar o crime quando o mesmo for cometido entre pessoas que se liguem pela linha troncal (pai e filho ou avô e neto) ou pelas colaterais (entre irmãos), pois a tarefa seria executada pelo parente mais próximo da vítima, e que também é o parente mais próximo do assassino. Assim, se a vingança se realizar, um novo crime sagrado será cometido. E é justamente esse fato, ou seja, a seqüência de crimes sagrados em uma mesma família, que configura um dos elementos dolosos da maldição hamártica.

Importante lembrar que marido e mulher não são parentes e, na mítica grega dos primórdios, não havia o entendimento de que a mulher concorresse com uma parcela (um gameta) para que houvesse fecundação. Melhor dizendo, não havia idéia de concepção. O entendimento é que a mulher fosse tão-somente a expressão similar da terra que recebe a semente, acolhe-a e aguarda que a mesma germine. O útero feminino era tido como o receptáculo de um concepto provindo do homem. Dessa forma, podemos entender o relato do sonho de Clitemnestra, descrito na peça *As Coéforas*, que compõe a trilogia *A Orésteia*, de Esquilo (1999, 131). No texto, Clitemnestra depara-se com o filho Orestes, de espada em punho, avançando para matá-la, e ele o fará. Nesse momento lembra-se do sonho e exclama: eu mesma dei à luz e criei esta víbora! A serpente parida era o filho de Agamêmnon, não era filho dela. Clitemnestra se sentia tão-somente como vaso gestador. Ainda nesse mesmo referencial mítico, a criança tornava-se filho/a da mãe quando fosse por ela amamentada. A partir daí podemos também entender o mitologema sobre a amamentação de Héracles nos seios de Hera, o que, simbolicamente, transformou o herói em filho da divina olímpica.

No sentido mítico, Orestes é considerado um assassino que cometeu um crime sagrado, não só por ter matado a própria mãe, uma vez que foi por ela amamentado, mas sobretudo por ter matado a maior e melhor expressão ou representante da deusa – a Mãe.

A maldição *hamártica* ocorre, portanto, sobejamente na família dos Átridas, da qual nos ocuparemos em outro texto desta coleção. Édipo, também um maldito, por pertencer à família dos *Labdácidas*, concorre com o somatório dos dolos quando mata o próprio pai. No entanto, diferentemente de Orestes, perseguido pelas Eríneas tão logo assassinou sua mãe Clitemnestra (conforme relato de Ésquilo, 1999, no texto *As Coéforas*, segunda peça da trilogia Orésteia), Édipo não é obsedado em qualquer relato das tragédias que se ocupam do ciclo tebano. Podemos inferir dessa situação que, no caso de Orestes, ele sabia estar matando a própria mãe, enquanto Édipo matou, para si, um desconhecido, e mais, sentiu-se ultrajado, ofendido pelo grupo de Laio. O fato de Édipo ignorar que matava o próprio pai, apesar de ter cometido um crime e cumprido, sem saber, parte da profecia oracular, não teve a vivência obsedante das Erínias. Talvez a ausência da obsessão decorra da condição de não ter ativado, em si, o complexo mecanismo de culpa.

Édipo desconhecia totalmente estar cometendo um crime sagrado, contra uma pessoa de seu mesmo sangue (*personae sanguine coniunctae*). O *pressuposto* de poder cometer um crime sagrado estava muito presente no psiquismo de Édipo, haja vista que, após matar Laio, foi até Corinto, entregou os *bens apreendidos* para seu suposto pai, o rei Pólibo, e deixou a cidade com receio de consumar a maldição. Daí depreendemos que

Édipo tinha o *pressuposto* mas não tinha o *dado*. O herói estava absolutamente cônscio das interdições contra o incesto e contra a possibilidade de cometer um crime sagrado!

A FAMÍLIA MALDITA DE ÉDIPO (LABDÁCIDAS)

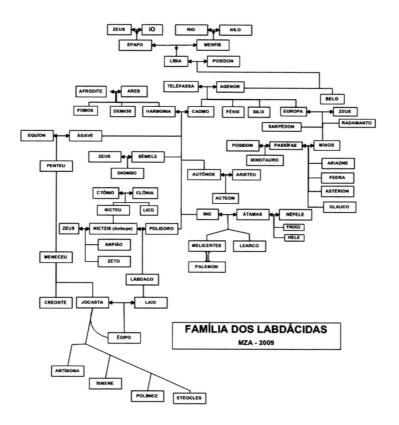

OS ANCESTRAIS DO ORIENTE – O RAPTO DE EUROPA

A estória de Édipo começa com o ancestral primordial da família, de nome Agenor, o de rosto branco, casado com Teléfassa, a que enxerga longe. Ambos compõem um casal real, primordial, que reina na Fenícia, região da Ásia Menor, nas terras de Sidon ou Tiro. Eles têm quatro filhos: Europa, Silix, Fênix e Cadmo. Europa, a princesa, brincava nas praias do reino de seu pai quando, de dentro das águas do mar, surge um touro branco. Europa sente-se extremamente fascinada. O touro dela se aproxima e a princesa dele: começa a alisá-lo, a brincar com o animal. O touro se insinua, acolhe os carinhos da jovem e, aos poucos, a princesa fenícia, intensamente atraída, sobe em seu dorso e deixa-se levar. As companheiras de Europa estão paralisadas: vêem e não enxergam, ouvem e não compreendem. De tal forma ficam confusas diante do fato que nenhuma informação conseguem dar sobre o destino da princesa. O touro leva a jovem em seu dorso, avançando mar adentro, desaparecendo nas águas.

Europa acabara de ser raptada por ZEUS-TOURO.

O fenômeno rapto comporta sempre a demanda sexual e a consensualidade por parte da criatura raptada. O rapto é um tema mitológico, repetitivo, presente em todo o processo mítico. O mitologema do rapto das donzelas, simbolicamente, é uma forma de traduzir o rito iniciático da menina quando de sua transformação em mulher, pelo intercurso do divino. O tema está presente na mítica de Perséfone, raptada por Hades, e de Helena, raptada em um primeiro momento por Teseu e depois por Páris.

De outra parte, o rapto, como realidade simbólica, está presente em estruturas sociais fundadas na agricultura. Os nomes de Ariadne, Core, Afrodite, Pasífae, Deméter, Europa e Helena são tidos também como designações de divindades que sofriam raptos simbólicos periódicos, associados à morte da vegetação, a qual renascia no tempo cíclico do cultivo da terra, segundo as estações do ano. Em nosso meio, Gnaccarini desenvolve interessante estudo em seu texto O *rapto das donzelas*, no qual descreve a ocorrência do fenômeno em algumas cidades do interior de São Paulo, como ritual fundamental para a consumação do casamento (Gnaccarini, 1989, p. 149-168).

Antes do incidente do rapto, Europa, aquela do rosto largo como de uma vaca, tivera um sonho. A princesa viu-se diante de dois grandes territórios e duas divindades, uma delas de nome Ásia, dançando sobre as regiões. O outro território do sonho não tinha nome. As duas divindades disputavam o corpo de Europa. Acabou vencendo a divindade da região geográfica sem nome. Miticamente, essa seria a origem do nome do continente europeu. Europa fora disputada pela divindade incorpórea, passando a dar nome à região.

Segundo o mito, Europa fora levada por Zeus-touro, manifestação hierofânica do divino olímpico. Seguiram para a ilha de Creta, terra dos primórdios. Um grande amor selou esse casamento e, juntos, Zeus e Europa ficaram por muitas e muitas noites e dias míticos, contando por volta de 300 anos.

Havia em Creta uma fonte de nome Gortija e, nas proximidades dela, imensos plátanos. As árvores, pródigas em folhas, acolheram o casal Zeus e Europa, protegendo-os do sol e forjando um colchão de folhas para receber os amantes. Em retribuição, o divino olímpico abençoou-as de tal forma que elas não mais perderiam as folhas, mesmo no período do inverno. Os plátanos são das poucas árvores que mantêm suas folhas em todas as estações do ano.

Zeus e Europa conceberam três filhos: Minos, Sarpédon e Radamanto. Minos, na realidade, teria sido o nome de uma dinastia que reinou em Creta durante séculos. Ele permanece na mítica como o personagem emergente que não faz sacrifícios e oferendas à divindade, desencadeando a ira, a fúria, a violência sobre si e seus descendentes, com o anátema do maldito.

Quando Zeus precisou deixar Europa para retomar seus assuntos no Olimpo, presenteou-a com um aro de ouro para ser usado no pescoço, como símbolo de fidelidade. Deu-lhe também uma lança de alvo certeiro, um cachorro de bronze para protegê-la de qualquer ameaça mais próxima e um gigante mecânico, de nome Talos, guardador de toda a ilha, que impedia a entrada de qualquer inimigo. Zeus, chamado em Creta de *Zeus Tallaios*, ou o deus sol, deixou como companheiro de Europa, para dela cuidar, ajudá-la em seus afazeres e proteger os filhos, um personagem de nome *Astérion*, cujo significado é o homem que vem das estrelas. Quando Europa morreu, Zeus, em sua honra, colocou-a na constelação de Touro.

Quanto ao conteúdo simbológico, o mitologema de Zeus-Europa é um dos mais completos, como também dos mais intrigantes. Nele, podemos encontrar a trindade Zeus, Posídon e Hades como expressões da estrutura arquetípica Pai – Rei – Instituidor da Lei e da Ordem, ou seja, a estrutura necessária para a definitiva implantação da dinâmica patriarcal.

De que forma se dá essa manifestação?

Em nossos estudos, partimos do pressuposto simbólico de que os divinos – realidades arquetípicas – definem seus caminhos arquetípicos de humanização, *estruturando* suas personalidades por meio de suas batalhas, casamentos e filhos deles decorrentes.

Em Creta, quando da regência de Minos, filho de Zeus e Europa, casado com Pasífae, o exercício abusivo do poder foi o sintoma negativo mais intenso e de ocorrência mais significativa. Minos pode ser considerado como um aspecto sombrio do próprio Zeus. De outra parte, Posídon, como um duplo de Zeus, irá gerar com Pasífae a denúncia da perversão de Minos, como também a expressão mais terrível do aspecto devorador do próprio Zeus – a monstruosidade Minotauro. A perversão de Minos, seja pelo exercício abusivo do poder ou traduzida por um duplo seu – o filho Minotauro, devorador –, pode ser entendida como aspecto da sombra de Zeus. De outra parte, Posídon, duplo de Zeus e gerador do Minotauro, será pai do herói Teseu, combatente dessa monstruosidade, de quem nos ocuparemos em um próximo texto. Minotauro e Teseu são irmãos, filhos do mesmo pai, e representam complementaridades necessitadas de confrontos imprescindíveis para a estruturação egóica.

Poucas foram as vezes que os aspectos sombrios do crônida foram tão explicitados. O abuso do poder leva ao aparecimento de estruturas corruptas, permissivas, e o mito tem sempre a competência para traduzir as filigranas de como o processo se faz, como se desenvolve e como se resolve.

No motivo Teseu-Minotauro, irmãos, filhos do mesmo pai, está a configuração das polaridades dissociadas. Teseu é a expressão da liberdade, do herói renovador, transformador do poder instituído, o que implanta o processo democrático em Atenas. Na outra polaridade está a monstruosidade que permanece confinada nos subterrâneos da alma, devorando a juventude do corpo e da alma. Teseu e Minotauro podem ser vistos simbolicamente como aspectos díspares do ser humano, expressão de uma dinâmica patriarcal, instaurando-se e revelando as mais profundas características da dissociação.

Os outros dois filhos de Zeus – Radamanto, o justo, e Sarpédon da Lícia – são convocados a transformarem-se em figuras centrais no reino dos Ínferos, como juízes no reino dos mortos. Outra condição que vale lembrar é a função inseminadora de Zeus, manifesta em sucessivas gerações de uma mesma família. É como se houvesse um propósito de aprimoramento da condição humana, pois seus descendentes (heróis e heroínas) expressam-se cada vez mais como condições estruturantes egóicas, concorrendo, assim, para que a construção da personalidade do ser humano se faça cada vez mais plena, ou seja, expressão do processo de humanização das estruturas arquetípicas.

O rapto de Europa explica historicamente a criação de várias colônias e fortificações nas costas da Ásia Menor. Ilustra também, de forma romanesca, como o caldeamento da cultura fenícia chegou até o território helênico, concorrendo inclusive para a criação do alfabeto grego. É que os irmãos de Europa – Fênix, Silix e Cadmo – partiram a sua procura, a pedido do pai Agenor, e durante sua busca irão construir fortificações ao longo da costa asiática, fundando cidades.

Um aspecto do mitologema, considerado fonte de mistério, aparece quando Zeus, após seu longo romance com Europa, anuncia sua partida. Esse é um aspecto não encontrado em nenhum outro mitologema, qual seja, anunciar a necessidade de partir. E mais, ao partir deixa em seu lugar um *marido* para Europa, ou um *homem* para ajudá-la a governar a ilha de Creta, considerada Terra dos Primórdios, Terra das Origens! O homem deixado por Zeus, com a função de ser companheiro de Europa, chamava-se Astérion, cujo significado é: o homem que veio das estrelas.

> Seriam Zeus e Astérion inseminadores vindos das estrelas para modificar o código genético dos pré-hominídeos, transformando-os em humanos competentes para estruturar consciência reflexiva e interferir no ecossistema?

A ciência mais recente questiona o aparecimento do homem no planeta, afirmando que o mesmo não poderia ser produto exclusivo de um processo evolutivo ou de um processo de caráter desenvolvimentista-estrutural. Para que o fenômeno humano alcançasse seu estágio de desenvolvimento, tal como se apresenta em nossos tempos, haveria necessidade de fatores estranhos ao processo natural. Seria uma mutação genética? Seria um fenômeno explicável pela teoria das catástrofes? Seria uma interferência alienígena? A proposição de parte da ciência atual, mesmo que fantasiosa, é a de o ser humano ter sido aqui *plantado*, ou seja, nosso código genético veio das estrelas.

Voltemos ao mitologema. Ao partir, como já dissemos, Zeus não só deixou *Astérion* para cuidar de Europa, como também deixou-lhe quatro presentes:

- Colar para ser usado no pescoço como símbolo de fidelidade;
- Robô mecânico para protegê-la de intrusos ou possíveis invasores;
- Cão de bronze destinado à sua segurança pessoal;
- Lança com o atributo de nunca errar o alvo.

É estranho pensar o mito antecipando em tanto tempo realidades que depois de milênios seriam invenções da humanidade. Certamente, o mitologema de Europa, com seus presentes insólitos, é uma grande metáfora, anunciando, talvez, um processo de antevisão fantástica, a criação de *ciborgues*, ou de próteses, como aparece no mitologema de Pélops e sua omoplata de marfim. Entretanto, por que não pensar que o mitologema estivesse alicerçado em fatos reais, em realidades absolutamente incompreensíveis para a época? Por que a omoplata de Pélops, bem como o robô Tallos, o cão de bronze e a lança que nunca erra o alvo, presentes dados à Europa, não poderiam ser realidades concretas?

Atentemos para o fato de ser o cão um objeto metálico; não é criatura viva, mas robotizada. O terceiro presente – lança que nunca erra o alvo – reaparece no mito de Tristão, com seu arco que nunca erra o alvo, a par de guardar outras semelhanças, seja pela presença de Husdent, o cão que não latia e avisava sobre a presença de estranhos, seja pelo fato de Tristão ter lutado com Morholt, o gigante tio de Isolda, a loura, e esse gigante ser uma criatura meio humana e meio animal (reedição do Minotauro). A lança que não erra o alvo anuncia com antecedência de milênios os mísseis inteligentes.

Os relatos míticos estariam anunciando o futuro a ser criado ou foram fatos reais que, ao longo do tempo, transformar-se-iam em mitos?

Após a morte de Europa, seus três filhos ficaram na ilha de Creta e disputaram o trono. Parece haver quase sempre uma disputa entre irmãos. E, nesse momento, novamente um touro surge das águas para ajudar aquele que irá ocupar o trono. Esse touro, excelente reprodutor, vem como presente das águas marítimas para Minos. Por ter ele o maior rebanho, mais fortuna, mais pecúnia, teria o direito de assumir o reino, e assim se deu. Entretanto, ao passar ao exercício do cargo, Minos dedica-se intensamente em acumular fortunas e, de certa forma, abandona a esposa, Pasífae (Pasífae é irmã de Circe, divindade da ilha onde Ulisses ficou prisioneiro, por três anos, segundo Homero; é irmã também de Eétes, rei da Cólquida – pai de Medéia).

Pasífae configura a personagem mítica representante de um tempo em que as divindades-mãe reinavam sobre os homens. Porém, com a emergência das divindades do reino do pai, tornaram-se desgastadas, menosprezadas, menos cultuadas e passaram a ser representadas, no contexto mítico, apenas como divindades menores, bruxas ou feiticeiras com parcos poderes. Pasífae é uma dessas representantes do reino da mãe com poucos poderes. Talvez, por ter sido menosprezada, malcuidada, vingue-se do rei de Creta, seu próprio marido Minos. A temática do abandono emerge uma vez mais: Minos abandona Pasífae, como Teseu abandona Ariadne e Jasão abandona Medéia. Circe será a eterna abandonada de Ulisses.

As divindades do reino da Grande Mãe, ameaçadas pela emergência dos novos tempos, da dinâmica pautada pela regência dos deuses masculinos, dinâmica de caráter patriarcal, lutam para manter-se no poder. A trilogia *Orésteia*, escrita por Ésquilo, é um dos melhores exemplos para falar dessa realidade. Na terceira peça dessa trilogia, vamos encontrar as Erínias (ou Fúrias), na célebre disputa pela condenação de Orestes, posto que o mesmo houvesse assassinado a própria mãe, cometendo assim o maior de todos os crimes para o reino da grande Deusa. As Erínias reclamam a condenação de Orestes, Atená o defende e o absolve com o voto da dúvida. Resta às Erínias (Fúrias) transformarem-se em Eumênides ou as Bem-Aventuranças, a conselho da deusa.

Posídon enviara um touro reprodutor para Minos conseguir o poder em Creta, com a condição de o touro ser sacrificado, em sua honra, tão logo assumisse o trono. Minos não cumpre o estipulado e mantém o touro com a finalidade de procriador e, assim, ter um rebanho cada vez maior. Riqueza e poder são as demandas de Minos. O touro torna-se parte do rebanho do rei, e a perversão está instaurada.

Outro touro surge na história. Posídon se faz presente, seja a pedido de Zeus ou por configurar seu duplo. Na condição hierofânica de touro, Posídon emerge das águas do mar e insinua-se para Pasífae. De forma semelhante, como quando Zeus-touro seduziu Europa, Posídon-touro seduz Pasífae. Talvez Zeus tenha pedido a Afrodite a interferência de Eros para que a paixão acontecesse. Seja como for, a rainha Pasífae, expressão da grande deusa primordial, perdera seus poderes de assumir formas outras. E por não poder transformar-se em novilha para copular com o macho, pediu a Dédalo, o grande construtor mítico, para fazer uma escultura oca, de uma vaca. Pasífae se veste com sua nova pele e copula com Posídon-touro. Nasce, assim, o monstro Minotauro, expressão maior da abominação de Minos. Esse momento mítico retrata a emergência da *persona*. Os seres humanos, sob a vigência da dinâmica matriarcal, vivem os fenômenos como realidades do eterno aqui-agora, sem consciência reflexiva, sem censuras, sem *vergonhas*. A cópula é um ato próprio da animalidade, do instinto. A consciência que rege esse fenômeno tem o caráter matriarcal, portanto sem censuras, moralidade ou valores do certo/errado, público/privado, pessoal/ coletivo, e tantos outros. A consciência patriarcal, de caráter reflexivo, polariza, qualifica, julga e, portanto, censura e estipula valores morais. No reino do pai, a cópula é vivida no segredo da alcova. Somente os animais copulam publicamente. Pasífae perdera seus atributos de deusa e não dispunha mais dos poderes de suas expressões hierofânicas. Para deixar a máscara imposta pela dinâmica patriarcal, retorna ao mundo da deusa travestida de *vaca*, com a ajuda de Dédalo.

Nas palavras de Souza (2007, 289), citando Calasso,

> Pasífae configura a deusa dominada pela repressão do masculino terrível; a deusa destituída progressivamente de seus atributos, inclusive do dom de transformar-se no animal fêmea equivalente ao macho. Desta forma, sem os atributos divinos, e exprimindo simbolicamente a incompetência para o retorno ao inconsciente quando se trata da cópula, precisou vestir-se com a persona da vaca, como criação protetora do contato direto com a expressão epifânica do divino Posídon. Ou melhor, proteger-se da confusão mental que acomete a consciência patriarcal quando entra em contato com o mistério. A deusa, destituída de seus atributos, injuriada pela prepotência de Minos, vinga-se do masculino prepotente, e gera a expressão maior da monstruosidade de Minos, qual seja, o Minotauro, perversão sob forma de dominação tirânica. Pasífae gerou a criatura maldita, expressão pública do desvario de Minos.

CADMO, O HOMEM PRIMORDIAL

Voltando à Fenícia, após o desaparecimento de Europa, tanto Agenor, seu pai, quanto sua mãe Teléfassa – a que enxerga longe – pedem que os três filhos, Cadmo, Fênix e Silix, sigam à procura da irmã e não regressem enquanto não a encontrarem. Os três jovens partem, procurando-a por toda a costa asiática, região do Oriente Próximo. Ao longo de suas caminhadas, postos e entrepostos foram sendo criados, além de núcleos habitacionais. As fortificações estabelecidas transformaram-se em cidades, ao longo dos tempos. Essa é a forma alegórica, talvez, de o mito descrever os processos civilizatórios.

Europa, raptada por Zeus-touro, vindo das águas, levada para Creta, nunca mais seria encontrada pelos irmãos. A busca mantivera-se por longo tempo; Fênix e Silix desistiram da empreitada logo após o falecimento do rei Agenor. Cadmo não assumiu o trono nem permaneceu no reino. Reuniu seu povo e junto com a mãe seguiram em direção ao norte. Atravessou o estreito de Dardanelos, em direção à região da Trácia. Nesse momento, Teléfassa, muito velha e alquebrada, quer desistir da busca da filha. Cadmo também já não sabe mais o que fazer. Procura, então, um oráculo para aconselhar-se e recebe a seguinte orientação: deveria abandonar a busca de Europa e seguir, a partir de então, uma vaca que tivesse a marca da lua crescente em seu corpo. No lugar em que essa vaca se deitasse para descansar, Cadmo deveria fundar uma cidade.

Até os dias de hoje, se alguém desejar saber qual o melhor local para se construir uma casa, pergunte a um velho homem da terra. Ele responderá: solte algumas cabeças de gado no campo, deixe que pastem; no final do dia, esse gado irá procurar o seu lugar de descanso. Onde o gado se deitar, esse é o melhor local para se construir uma casa: esse lugar estará protegido de ventos fortes, nunca será inundado e, provavelmente, muito próximo deverá haver uma nascente de água. O homem da terra respeita a sabedoria da natureza, expressa na conduta dos animais.

Assim Cadmo se conduziu, respeitando a presença da Grande Mãe, manifesta na figura da vaca portadora de um de seus sinais – lua crescente – símbolo da fertilidade, e que continua presente na vida do herói, orientando-o em sua peregrinação. A predição oracular era que Cadmo daria origem à grande descendência. Acompanhado de seus súditos, o herói segue a vaca. Descem pelo território da Macedônia e instalam-se na região da Beócia – terra ou região dos bois – onde a vaca se deita para descanso. O local para a fundação da futura Tebas estava determinado. Após localizar o sítio onde a cidade seria fundada, Cadmo toma as providências para o lançamento da pedra fundamental. Para fazê-lo, entretanto, deveria antes passar pelos ritos purificatórios. Manda seus súditos até a fonte mais próxima em busca de água. A fonte encontrada era guardada pelo dragão pertencente a Ares (filho de Zeus e Hera). Os súditos não retornam. Na realidade, foram mortos pelo monstro. Cadmo, na condição de herói, segue para a fonte, luta com o dragão e o mata.

Herói faz, não manda fazer.

Palas Atená surge referendando e enaltecendo o ato heróico. Orienta Cadmo para proceder à extração de todos os dentes da criatura e guardá-los. Ao matar o dragão, Cadmo cometeu um crime contra a natureza, contra a divindade: o dragão é filho de Géia. E, mesmo tendo passado por ritos purificatórios, o herói deverá servir a Ares, na condição de escravo, pelo período de oito anos, penitenciando-se de sua *hamarthia*.

O primeiro de muitos outros crimes havia sido cometido, fato esse que marcará a família a ser constituída e, como sublinha Kerényi, é "uma longa história de penosa degenerescência". O crime contra a natureza configura mancha, nódoa, pecado, *hamarthia*, que deverá ser reparado. Servir como escravo representa a pior condição de humilhação para o personagem heróico, como para os divinos. O herói, quando na condição de escravo, fica destituído de suas duas grandes virtudes: *areté* e *timé*, *excelência* e *honorabilidade*.

As virtudes *areté* e *timé* conferem ao herói a condição de conseguir realizar suas tarefas da melhor maneira possível, com *excelência*, e, assim ocorrendo, terão necessariamente o respeito do coletivo, o reconhecimento de seus feitos e, portanto, serão honrados, ou seja, serão detentores de *honorabilidade*. Atentemos para a importância que esses referenciais acerca das virtudes do herói são importantes para compreender como se forja e se estrutura a identidade. A criança e, principalmente, o adolescente realizam suas tarefas com a convicção de a estarem realizando com *excelência*, com o que se sentem merecedores de *honorabilidade*. O reconhecimento do coletivo é instância fundamental para a estruturação da identidade.

Todavia, Cadmo, por ter cometido o crime de matar o guardião da fonte, ofendera a divindade. As *hamarthias* são realidades fenomênicas que se agregam ao destino do ofensor e de seu *guénos* e passam a ser *transmitidas* aos descendentes como se fosse herança genética. Assim, mesmo que o ofensor se purifique pelos ritos pertinentes, mesmo tendo cumprido todos os preceitos previstos pelos dogmas religiosos – sacrifícios de animais, serviço escravo, exílio etc. –, não significa estar livre de portar ou transmitir a mancha *hamártica*. Segundo Brandão,

Guénos pode ser definido em termos de religião e de direito grego como *personae sanguine coniunctae,* isto é, pessoas ligadas por laços de sangue. Assim, qualquer crime, qualquer *hamartía* cometido por um *guénos* contra o outro tem que ser religiosa e obrigatoriamente vingado. Se a falta é dentro do próprio *guénos,* o parente mais próximo está igualmente obrigado a vingar o seu *sanguine coniunctus.* Afinal, no sangue derramado está uma parcela do sangue e, por conseguinte, da alma do guénos inteiro... É *mister,* isto sim, distinguir dois tipos de vingança, quando a falta é cometida dentro de um mesmo *guénos*: a ordinária, que se efetua entre os membros, cujo parentesco é apenas em profano, mas ligados entre si por vínculos de obediência γυεννητεσ *(guennétes),* ao chefe gentílico, e a extraordinária, quando a falta cometida implica em parentesco sagrado, erínico, de fé - é a falta cometida entre pais, filhos, netos, por linha troncal, e entre irmãos, por linha colateral. Esposos, cunhados, sobrinhos e tios não são parentes em sagrado, mas em profano, ou ante os homens. No primeiro caso a vingança é executada pelo parente mais próximo da vítima e no segundo pelas Erínias (Brandão, 1986, p. 207 e 208).

Após ter servido a Ares, como escravo, por oito anos, Cadmo está apto a fundar a cidade de Tebas. Por orientação de Palas Atená, deverá arrancar os dentes do dragão e semeá-los na terra, de onde brotarão os gigantes. Eles irão lutar entre si, avisa a deusa, desde que Cadmo os incite a tanto, o que assim se dá ao atingi-los, sem ser visto, com imensa pedra, desencadeando a fúria entre eles. Cadmo presencia a disputa e tão logo a luta entre os vários gigantes recrudesce, quando cinco são os remanescentes, desafia-os para lutarem contra ele; se não aceitarem serão mortos ou poderão aceitar servi-lo, como súditos. Os cinco gigantes restantes, Equion, Udeu, Ctônio, Hiperenor e Peloro, também conhecidos como os *spartói* – os semeados –, aceitam

Cadmo como seu senhor e rei. Formarão com o casal real e seus descendentes a família dinástica de Tebas.

Após a fundação da cidade, a semeadura dos dentes de dragão e a luta dos gigantes, Cadmo recebeu Harmonia, filha de Ares e Afrodite, em casamento. Nosso herói casa-se com uma deusa e desse matrimônio resultaram cinco filhos: Ágave, Sêmele, Autônoe, Ino e Polidoro. Cadmo e Harmonia reinaram por longos anos, ao final dos quais deixaram Tebas e retiraram-se para a Ilha dos Bem-aventurados.

OS FILHOS DAS FILHAS DE CADMO E HARMONIA

As filhas de Cadmo e Harmonia tiveram destinos trágicos, bem como seus descendentes. Ágave, Sêmele, Ino e Autônoe perderam seus filhos em condições terríveis. A maldição da família dos Cadmeus já se havia instaurado, gerando terror. Essa maldição teria começado havia muito mais tempo e decorria, talvez, da condição de Cadmo ser considerado estrangeiro e tentar recuperar o que havia sido roubado por Zeus.

A quarta filha de Cadmo, Autônoe, mãe de Actéon, o grande caçador, teve seu filho morto pelos seus próprios cães de caça, quando Ártemis o transformou em veado como punição por tê-la visto nua. Actéon fora treinado por Quíron para desenvolver a arte da caça. Em seus aspectos negativos, é portador de voraz apetite sexual (adefagia). Actéon recebera o estranho nome de ser o que não precisa de deus (Ac = negação, e Teon = deus), e sua mãe Autônoe é a que compreende o sentido das coisas por si mesma, ou não precisa dos deuses para entender o mistério da vida (auto = por si mesma e, nous = espírito, mistério).

Actéon caçava na floresta, quando se deparou com um vale com densa vegetação de ciprestes e pinheiros, lugar interditado por ser consagrado à deusa Ártemis. Na extremidade do vale havia uma gruta de extrema beleza, e suas águas serviam para o banho e repouso da deusa. Ártemis banhava-se acompanhada de suas ninfas quando Actéon com ela se deparou. Apesar de as ninfas tentarem encobrir o corpo desnudo da deusa, ela era muito mais alta e aparece a Actéon com toda sua beleza virginal. O herói, tomado por insaciável desejo, correu para a deusa. Ártemis, violada em seu santuário e injuriada com o descomedimento de Actéon, lançou um punhado de água em seu rosto, metamorfoseando-o em cervo. Perseguido por seus próprios cães, por não o reconhecerem, foi completamente despedaçado e morto (Amaral, 2007).

Os filhos de Ino sofreram mortes trágicas em função das inter-relações com Dioniso e as perseguições promovidas por Hera, conforme descrições mais abaixo.

Ágave, a filha mais velha de Cadmo, casara-se com o gigante Equion. Desse casamento nasceu Penteu, que reina em Tebas, substituindo o avô. Essa é a versão proposta por Eurípedes (1976) e Apolodoro (2004). Entretanto, para entendermos as proposições de Sófocles tanto em *Édipo Rei* (1999b) como em *Antígona* (1999a), o reino deveria estar nas mãos de Polidoro, o filho mais novo do casal real, de onde advirá a linhagem dos Labdácidas.

O motivo mítico que permeia a tragédia *As Bacantes*, de Eurípides (1976), apresenta Penteu como regente, cultor de Hera – patrona da cidade. Penteu repudia a presença daquele que se apresenta como emissário de Dioniso e reclama do regente a instituição do culto báquico na cidade, mesmo porque Tebas é a terra de origem do divino Dioniso, e Sêmele é sua mãe. Penteu, todavia, julga estar diante de um embusteiro, pois, no seu entender, Sêmele não fora amante de Zeus, mas sim violentada por algum bastardo e morrera queimada pela fúria do crônida, injuriado com as invenções da jovem princesa. O suposto envolvimento com o divino Zeus era pura imaginação.

Penteu desconhecia a lenda do nascimento de Dioniso, talvez por ter sido enganado pelas mentiras de Ágave, sua mãe, e Ino, sua tia. Ambas, invejando a condição alcançada por Sêmele, difundiram a falsa história do embusteiro e do castigo de Zeus (Apolodoro, 2004). Era sabido, no entanto, que o divino olímpico elegera Sêmele para torná-la gestadora do quarto regente. Conta a lenda que Zeus dera-lhe para engolir o coração (core, ceres, grão, semente) do primeiro Dioniso – também chamado Zagreu – morto e devorado pelos gigantes enviados por Hera. Sêmele engravida e gesta Dioniso.

Hera, a deusa dos amores legítimos, ou talvez a mais explícita representante da dinâmica patriarcal em franca instituição, induz a jovem princesa a pedir ao amante apresentar-se em toda a sua magnitude, sendo então fulminada pela energia da emergência epifânica do divino. O castelo se incendeia e Sêmele morre carbonizada.

A consciência em gestação e o ego não suportam as manifestações *epifânicas* da divindade, hipóstases de estruturas arquetípicas.

O feto, ainda em formação, foi recolhido por Zeus, que o introduziu em sua própria coxa, onde a gestação termina. Dioniso nasce pela segunda vez, emergindo da coluna estrutural de Zeus.

SOBRE DIONISO E O BODE EXPIATÓRIO

Os ditames dos reclamos arquetípicos pelo processo de humanização encontram no mito do nascimento de Dioniso sua maior expressividade. O mito conta que Zeus recolheu o coração (core, grão) do pequeno Dioniso Zagreu, que fora morto pelos gigantes enviados por Hera. O menino Dioniso perdera-se do centro quando, fascinado pela própria imagem refletida no espelho oferecido pelos gigantes, tornou-se vulnerável. A criança divina, ao ver-se como imagem refletida, estabeleceu os primórdios do que podemos considerar como *consciência de si*. Ao ver-se, se soube, se conheceu, adquiriu identidade de si e estruturou o ego, humanizou-se, tornou-se **mortal**, vulnerável, podendo, pois, ser morto pelos perseguidores.

De outra parte, podemos pensar esse mitologema como a tradução simbólica do quanto nos fragilizamos, do tanto que nos tornamos vulneráveis quando nos perdemos de nossa ligação com o centro, com o *Self*. Quando Dioniso se fascinou com sua própria imagem, a par de perder-se do centro, ligou-se a um simulacro de si mesmo, ligou-se à inconsistência da virtualidade, ou seja, ligou-se a algo que não era ele próprio, não era sua essência. A ligação com o centro, com o *Self*, pode ser entendida como elemento básico de manutenção da integridade do ser, manutenção da saúde mental. Perder-se do centro representaria, pois, vulnerabilidade, possibilidade do adoecimento global, tanto físico quanto mental.

Quando Zeus recolheu o coração pulsátil e o entregou a Sêmele, estava concorrendo diretamente para que se completasse o processo de humanização. Ao ser gestado no corpo de uma virgem, a estrutura Dioniso revestia-se de mais e mais humanidade. Sêmele, também considerada uma hipóstase de Semeló, deusa oriental, gesta a semente Dioniso. A criança divina desenvolve-se no corpo da Grande Mãe, que engolira *o grão, o coração, core, a semente divina*. Dioniso renasce de si-mesmo por intercessão da divina Mãe. Torna-se ou representa inegavelmente o quarto regente, expressão do quarto chacra, o que nasce do próprio coração.

O quarto regente, na referência de Kerényi (2002), estava sendo gestado para expressar a condição de ser o mais humano de todos os divinos, deus que morre e renasce, sofre a dor do despedaçamento e de ser devorado, para que de suas cinzas nasçam os homens.

O motivo mítico, aqui apresentado, decorre de uma trama ancestral, tradutora, talvez, de uma demanda permeada pela intencionalidade do próprio *Self*, a engendrar o nascimento de Dioniso, denominado por Kerényi como o quarto regente na linhagem sucessória, revestido de características extremamente especiais. Nasce com o anátema da vítima sacrificial para saciar a violência que emerge da divindade ultrajada.

Dioniso, ao resgatar Sêmele do reino dos ínferos e levá-la para o Olimpo, explicita de forma inequívoca o resgate do feminino, da Grande Deusa alijada. Anuncia, dessa forma, a emergência da dinâmica do Coração, da integração, do tempo do masculino e feminino forjando a *sizígia* sagrada, a *coniunctio oppositorum*.

Entretanto, é necessário atentar para a grande semelhança temática entre o bode sacrificial-Dioniso e o cordeiro imolado-Cristo, bem como entre o resgate de Sêmele do reino dos ínferos para ser entronizada no Olimpo e o fenômeno da Assunção de

Maria aos céus. Tanto Sêmele quanto Maria alcançam os súperos pela intervenção do masculino.

Hera, estigmatizada pelos relatos homéricos como deusa das vinganças contra as licenciosidades, ciumenta, raivosa, é retratada como a divindade que não suporta as manifestações intestinas de um processo que aponta para um desenvolvimento ou uma evolução decorrente da dinastia do masculino Zeus. Por não ter participado do processo que engendrou homens titânicos – nascidos das cinzas do primeiro Dioniso, criança divina devorada pelos gigantes, por ela enviados para destruí-lo –, também não suporta sabê-lo forjado com características de mortalidade e imortalidade, humana e divina, o melhor e maior símbolo de transformação, conduzindo o processo de humanização de realidades arquetípicas. No entanto, à imagem e à semelhança de suas *perseguições* a Héracles, que concorreram para a apoteose do herói, findando como divindade olímpica casado com Hebe, também no mito de Dioniso, Hera é peça fundamental, polaridade que ameaça destruir, concorrendo, pois, para acelerar o processo de humanização da *Criança Divina.*

Há de se convir que, para que ocorra o processo de humanização e se cumpram os caminhos arquetípicos na criação da consciência, é preciso emergir a necessidade de engendrarem-se *bodes expiatórios* para aplacar a violência inerente às estruturas arquetípicas.

O desejo primordial, quando emerge, para onde quer que seja dirigido, pede satisfação imediata. O desejo não suporta contestações, oposições, impedimentos. Se o obstáculo se apresenta, o que constatamos é o aparecimento da ira, fúria, violência. O desejo é cego e, se não saciado ou quando obstaculizado, explode em vinganças despejadas, muitas vezes, sobre aqueles que nada têm que ver com a oposição cerceadora. A melhor tática para intermediar a manifestação violenta é oferecer alternativas, trocas outras que demovam o desejo de um objeto e o redirecionem para outros desejos que possam ser saciados.

Quais seriam os desejos da divindade que o ser humano tenta aplacar com seus sacrifícios intermediantes?

A vítima sacrificial visa sempre a aplacar a ira divina, como podemos ver claramente no sacrifício de Ifigênia. Ártemis, enfurecida com a morte de uma de suas corças sagradas, faz parar os ventos, com o que a armada helênica resta estacionária na baía de Áulis. A deusa, por intermédio da manifestação oracular, exige o sacrifício da filha do comandante Agamêmnon, autor do crime e, portanto, o ofensor. A lei do Talião está instituída: *olho por olho, dente por dente...* A violência parece ser uma expressão primordial titânica, própria da condição arquetípica. Há milênios essas estruturas arquetípicas estão em processo de humanização, porém, até hoje, a violência primordial parece continuar presente com as características próprias dos tempos dos primórdios.

Os gigantes, *spartói*, engendrados por Cadmo dos dentes do dragão, representam aspectos de uma futura espécie humana, permeada pelo miasma da violência. Não foram purificados nem redimidos. Assim, a sincronicidade mítica fez Dioniso nascer nessa família maldita. Todavia, a vítima sacrificial, gerada para a purificação da humanidade, é portadora também da violência e destrói os que se recusam a participar do processo.

Voltemos, todavia, para Dioniso.

Esse divino foi considerado por Apolodoro como o *descobridor da vida*. Após seu nascimento da coxa de Zeus, o menino foi confiado a Hermes, que o levou para a corte de Ino e Átamas, persuadindo-os a criarem a criança como uma menina. Hera, porém, provocou a loucura do casal real, com o que Átamas caçou seu filho Learco como se fora um cervo e o matou, enquanto Ino lançou Melicertes, o filho menor do casal, em água fervente. A seguir, levou em seus braços o cadáver da criança e lançou-se ao mar. Foram transformados em divindades marinhas. Ino tornou-se Leucotéia, a que salvou Ulisses do afogamento com suas mãos protetoras, quando o herói, deixando a ilha de Calypso, naufragou e foi levado para a ilha Corcira, episódio descrito na *Odisséia* (1974). Melicertes transformou-se em Pálemon. Ambos são invocados pelos navegantes, aos quais prestam auxílio nas tormentas.

Zeus, para proteger Dioniso da *cólera* de Hera, transformou-o em um bode, e Hermes levou-o para junto das ninfas que viviam em Nisa, na Ásia. A perseguição de Hera não cessou, o que levou Dioniso a vagar pelo Egito e Síria até finalmente chegar à Frígia. Vários incidentes assoberbam a jornada do divino Baco. Na Frígia, foi purificado por Réia, passou pelo aprendizado dos ritos iniciáticos e recebeu da deusa uma túnica. Percorreu toda a Trácia e, no reino de Licurgo, filho de Driante, foi injuriado e expulso. Dioniso refugiou-se no mar, junto a Tétis, a nereida. Porém, seu cortejo de bacantes e sátiros foi preso. Dioniso enlouqueceu Licurgo, que matou seu próprio filho, julgando-o um pé de videira.

As bacantes e os sátiros libertados não amenizam a fúria de Dioniso: o deus decreta a infertilidade da terra e vaticina que os campos e o gado somente voltariam a produzir se Licurgo morresse. Os edônios, regidos por Licurgo, ouviram o anátema do deus e decidiram sacrificar o rei. Licurgo foi conduzido ao monte Pangeo, amarrado e, em seguida, despedaçado pelos próprios cavalos. Ressarcido das injúrias de Licurgo, Dioniso atravessou a Trácia e seguiu para Tebas.

É nesse momento que se inicia a tragédia de Eurípedes, *As Bacantes* (1976). Na peça trágica, Dioniso, tão logo chega à cidade, obriga as mulheres a entregarem-se ao delírio báquico, levando-as para o monte Citerão. Inclusive Ágave, mãe de Penteu, regente que assumira o cargo substituindo seu avô Cadmo, acompanha o cortejo. Dioniso atiça a curiosidade de Penteu para conhecer os rituais báquicos. Para tanto, o divino o induz a travestir-se de mulher, atravessar toda a cidade e acessar o monte Citerão para espionar as bacantes. O rei esconde-se em uma árvore, mas é denunciado pelo próprio deus, com o que as mulheres enlouquecidas o atacam. A própria mãe – Ágave – aprisiona Penteu em seus braços, julgando-o um animal e o desmembra. Ao retornar de sua loucura, Ágave se vê com o filho degolado em seus braços. Segue então desesperada, enlouquecida, pelas ruas de Tebas em busca do pai Cadmo. A vingança de Dioniso estava completa...

A QUESTÃO DA REGÊNCIA DE TEBAS

Segundo Brandão (1992, p. 301), Cadmo e Harmonia abandonaram a capital da Beócia, Tebas, e partiram para a região da Ilíria. Polidoro, o único filho varão do casal, seria naturalmente o herdeiro do trono. Uma variante, porém, confere as rédeas do reino a Penteu, neto de Cadmo, segundo Eurípedes (1976) e Apolodoro (2004). Sófocles (1999), no entanto, deixa explícito que a linhagem real de Tebas decorre da descendência de Polidoro, pai de Lábdaco, ancestral dos Labdácidas, à qual pertence nosso herói Édipo.

Polidoro casara-se com Nicteis, filha de Nicteu, irmão de Lico, ambos filhos de Ctônio, um dos gigantes nascidos da semeadura dos dentes do dragão. Ctônio, casando-se com uma das mulheres da corte, é bisavô materno de Polidoro. De Nicteis e Polidoro nasceu Lábdaco, filho único do casal, que segundo Apolodoro (2004) morreu também de forma similar a Penteu, ou seja, trucidado pelas bacantes por ter recusado o culto a Dioniso. Polidoro morre antes que seu filho Lábdaco possa assumir o trono, com o que a regência volta ao ascendente materno. Nicteu, pai de Nicteis, assume o comando de Tebas; após sua morte, assume Lico, seu irmão, que reina durante vinte anos, sendo então assassinado por Zeto.

Quem é esse personagem?

Nicteu, além de Nicteis, tinha outra filha – Antíope –, que se tornou amante de Zeus e engravidou dos gêmeos Anfião e Zeto. Nicteu, injuriado com a filha, que julgava ter sido possuída por um bastardo qualquer, expulsou-a de casa. A jovem fugiu para Sicion, com Epopeu, com quem se casou. Nicteu, abatido, suicidou-se, mas encomendou antes a Lico, seu irmão, a consecução do castigo contra Epopeu e Antíope. Enquanto Lico reinava, os filhos de Antíope reclamaram o direito de governar. Zeto destronou e assassinou Lico e assumiu o reino. Nessa época, Lábdaco, herdeiro natural do reino de Tebas, talvez por ser ainda muito jovem, afastara-se da cidade, temendo ser morto pelo usurpador. Existe a variante de que, nesse momento, teria surgido Penteu, como descendente da linha da filha mais velha, que passou a reinar.

Penteu, cujo significado, segundo Brandão (1992, p. 259) é o *sofredor*, seria o causador da segunda *hamarthia*, por conta de ter-se insurgido contra Dioniso. Com a morte de Penteu, Lábdaco, filho de Polidoro, assumiu o reino e declarou guerra a Atenas, onde reina Pandion; Tebas perdeu a guerra e, por conta disso, passou a pagar altíssimos tributos aos atenienses. As intrigas pela retomada do poder continuaram, o que levou Laio, filho de Lábdaco, a deixar Tebas e procurar asilo político na casa de Pélops, ancestral da família dos Átridas e filho de Tântalo, regente na cidade de Pisa ou Olímpia, na região do Peloponeso.

A luta pelo poder marca a família dos Labdácidas, como também a família dos Átridas. Essa demanda, tão primordial entre os humanos, resulta em fator motivador de incontáveis atrocidades, traduzindo-se em crimes hediondos que continuam a ser praticados até os dias de hoje. Importante lembrar que, no âmago dessa família maldita, encontra-se a expressão da demanda primordial de conquista do poder, com conseqüente sujeição dos demais e decretação de morte a quem se opuser a essa força. Todavia, a família dos Labdácidas, com suas vivências trágicas, suas *hamarthias*, traz soluções para os desvarios do poder, como podemos constatar no drama vivido por Édipo, ao escolher a cegueira e a conseqüente perda do poder de comando sobre o outro como forma de adquirir competência para se saber e o conseqüente poder sobre si mesmo.

O exercício abusivo do poder talvez seja a expressão da polarização ou da carência de Eros: o poder de comandar, submeter, impor, conduzir sem contestações, está centrado em um ego inflado pela demanda primordial, arquetípica, demanda de uma regência de pai devorador, bem representado na mítica pela figura de Crono, na sua condição de pai terrível, devorador da *cabeça* dos filhos.

A CASA DE PÉLOPS

Pélops, *o de tez pálida*, é o famoso herói, morto pelo próprio pai, Tântalo, que tentara testar a onisciência dos divinos, tendo recebido punição eterna, permanecendo no Hades com os pés atados no chão com água até os joelhos e uma cornucópia de alimentos à sua frente. No entanto, ao abaixar-se para beber água, ela esvai-se por completo terra adentro e ao estender os braços para conquistar os frutos, os mesmos se afastam. Apesar de estar cercado de água e alimentos em abundância, sofre eternamente de sede e fome, como castigo contra seu descomedimento, seja por testar os divinos, seja por sacrificar o próprio filho Pélops, seja por não ter compreendido a importância de poder participar da distinção de ser recebido pelos olímpicos e ter trânsito livre entre eles: vivera na abundância e não percebera...

A família de Tântalo, Pélops e seus descendentes – Atreu, Tieste, Agamêmnon, Menelau e tantos outros – constituem a família maldita dos Tantálidas ou Pelópidas ou Átridas, como é mais conhecida. Dela falaremos em outro título desta coleção, quando nos ocuparmos do mito de Orestes e Ifigênia, filhos de Agamêmnon.

A presença de Laio na casa real de Pélops representa papel importante na estruturação da trama maldita que permeia a família dos Labdácidas. Com essa finalidade, abordaremos alguns incidentes que marcaram esse momento mítico.

Para a reconstituição de seu corpo, Pélops recebeu, segundo consta, uma omoplata de marfim em substituição à sua própria, devorada por Deméter. Tendo seu corpo reconstituído e sua vida devolvida, por intervenção dos divinos, o jovem foi levado ao Olimpo na condição de escansão de Posídon. Podemos entender esse fenômeno como: *tornou-se amante do deus cavalo.* A homossexualidade entre os divinos ou por parte dos divinos era fato perfeitamente aceitável. Posídon *amou* Pélops, Zeus *amou* Ganimedes, Apolo *amou* Jacinto e também o rei de Tróia etc. Quando Pélops retornou à Terra, foi instruído a deixar o reino do pai, na Ásia, e procurar seu caminho nas terras da Hélade. Dirigiu-se à região que futuramente passará a chamar-se Peloponeso, ou a ilha de Pélops, e na cidade de Pisa, região da Élida, foi disputar a mão de sua futura esposa Hipodamia, filha do rei Enômao.

O regente não suportava a idéia de ser substituído, pois, tendo apenas uma filha, seu futuro genro seria o próximo rei. Talvez resida nesse episódio, também, o aspecto incestuoso de um pai que não aceita outro homem na vida da filha ou para substituí-lo na regência. Enômao era dono de cavalos velozes, descendentes de Pégasus, e os recebera de presente do próprio Posídon. Quando um pretendente à mão de Hipodamia se apresentava, o rei o desafiava para uma competição: corrida de bigas. Se o pretendente perdesse, seria morto. Diz a lenda que Pélops seria o décimo primeiro pretendente a se apresentar; os dez anteriores haviam sido eliminados.

Alertado por Hipodamia sobre as ingerências de Enômao, Pélops procurou o cocheiro real Mirtilo e pediu sua ajuda no sentido de serrar o eixo da biga do rei e, com esse artifício, ganhar a competição. O fato assim se deu e Enômao foi morto pelos próprios cavalos.

O trabalho do herói, combatedor de monstruosidades decorrentes de dinâmicas perversas vigentes no reino da Grande Mãe mantenedora da endogamia incestuosa, torna-se viável e consuma-se quando encontra respaldo na ação da heroína que trai a tribo. Esse é um mitologema que se reedita em Creta, quando Teseu, com a missão de combater o Minotauro, realiza sua tarefa com a ajuda de Ariadne; o mesmo Teseu foi vencedor da luta contra as Amazonas, por ter contado com a ajuda de Hipólita. Jasão realiza suas tarefas por ter contado com o auxílio de Medéia. O trabalho do herói se consuma pela *coniunctio* com a heroína, que abdica simbolicamente do direito de reinar e manter o reino da deusa, para aceitar a presença da renovação trazida pelo masculino heróico. O endogâmico incestuoso cede espaço ao exogâmico da transformação renovadora.

Para honrar a memória do rei morto, foram instituídos jogos fúnebres que, segundo o mito, aconteceram na cidade de Olímpia, e passaram a chamar-se *Jogos Olímpicos*.

Pélops teve muitos filhos com Hipodamia, dentre eles: Atreu, Tiestes e Plístene, e com uma náiade – Axíope – teve os filhos Crisipo e Piteu, este último futuro avô de Teseu. Nessa época, Laio foi abrigar-se na casa dos Pelópidas e tornou-se instrutor de Crisipo na condução de cavalos. Acabaram apaixonando-se um pelo outro e tornaram-se amantes. Seus meio-irmãos Atreu e Tiestes, com a desculpa de salvaguarda da honra, mas muito mais levados pelos ciúmes, pois Pélops mostrava suas predileções para Crisipo, mataram-no. Pélops, enlouquecido com a morte do filho amado, expulsou Atreu e Tiestes de Olímpia, e também Laio, a quem ainda amaldiçoou com o anátema: *Não terás filhos, mas se os tiverdes serás morto por eles...*

Existe outra versão relatada no texto Laio e Crísipo (2008, 1):

> Pélops, filho de Tântalo e de Eurianassa, casou-se com Hipodamia e dela teve Atreu e Tiestes; e de uma ninfa Náiade, Crísipo, a quem amava mais do que os filhos legítimos. Laio, o tebano, tomado de desejo, o raptou; aprisionado por Tiestes e Atreu, ganhou a compaixão de Pélops por razões amorosas. Mas Hipodamia tentou persuadir Atreu e Tiestes a matá-lo, ao

ver que ele seria o sucessor régio; mas eles se recusaram, e foi ela mesma quem maculou as mãos criminosas, pois, à noite, quando Laio dormia profundamente, tirou sua espada, feriu Crísipo e a colocou na bainha. Laio, suspeito por causa da espada, foi salvo pelo moribundo Crísipo, que confirmou a verdade. Ele foi sepultado e Hipodamia expulsa.

Laio deixa Olímpia com a maldição pesando em seu destino. Além disso, diante de Hera, a deusa dos amores lícitos, tornara-se também um maldito pelo crime do vínculo homossexual. Laio é a primeira expressão humana mítica desse descomedimento para os padrões da dinâmica patriarcal. Na casa dos Cadmeus, dos Labdácidas, essa é a terceira, ou a quarta, ou talvez a quinta *hamarthia* cometida. Cadmo já era um maldito por ser estrangeiro e tentar recuperar o que Zeus tomara para si, a par de ter morto o dragão, filho de Géia; de outra parte, Penteu opusera-se ao culto de Dioniso, sendo esse mesmo *crime* atribuído a Lábdaco, que também morrera por despedaçamento provocado por mênades enlouquecidas. O *crime* de Laio, por ter vivido um *amor contra natura*, ofende a natureza, constituindo-se em mais uma *hamarthia* da casa dos Labdácidas.

OS JOGOS OLÍMPICOS [3]

Orandum est ut sit mens sana in corpore sano.

Orando, o que se pede é estar a mente sã em um corpo são.

Juvenal, Sat. 10, 356 (in Brandão, 1992, p. 200).

[3] Todos os dados foram obtidos em Junito de Souza Brandão, no Dicionário Mítico-Etimológico, Vol II (1992, p. 20).

O povo grego cultua a saúde de sua alma tanto quanto a saúde e a beleza do corpo. Os gregos têm grande respeito pelos atletas e suas competições, as quais eram realizadas com a finalidade de manter a memória do morto. Para os gregos, a morte era uma perda de memória; um morto sem culto era um morto anônimo, o que se constituía em uma espécie de morte da *eídolon*. Assim, os jogos fúnebres eram *in memoriam honoremque mortuorum*, para que nem os vivos perdessem a memória deles e nem perdessem a memória de si mesmos. Os agones, ou participantes dos jogos, eram parte intrínseca do culto dos mortos (Brandão, 1992, p. 20). Os jogos *in memoriam* eram uma exaltação às virtudes heróicas do falecido, à sua *timé* e *areté*.

Na Grécia antiga, quatro jogos pan-helênicos se destacaram; em suas origens, foram dedicados aos heróis e em memória deles foram celebrados. Esses jogos realizavam-se a cada quatro anos, de tal forma que, anualmente, um dos jogos acontecia. Os jogos Neméios ocorriam na cidade de Neméia, região da Argólida, e foram instituídos quando da guerra dos Sete contra Tebas, em honra de um menino morto por uma serpente. Mais tarde, foram dedicados a Zeus. Os jogos Ístmicos aconteciam no istmo de Corinto e foram instituídos por Teseu, em memória ao gigante Sinis, eliminado pelo próprio herói quando se dirigia para Atenas, a fim de apresentar-se a seu pai Egeu. Os jogos passaram, ao longo dos tempos, ao domínio de Posídon, pai mítico do herói.

Os jogos Píticos, realizados em Delfos, foram instituídos por Apolo para aplacar a serpente-dragão morta pelo próprio deus, quando este disputou a soberania do oráculo. Mais tarde, passaram a ser consagrados ao próprio deus mântico.

Finalmente, os jogos Olímpicos, realizados na cidade de Olímpia, região da Élida, por Pélops e em honra de Enômao. Os jogos, pouco tempo após sua instituição, entraram no esquecimento, ao longo do tempo mítico, tendo sido reinstituídos, em honra de Zeus, por Héracles, que adicionou novos tipos de competição ao evento.

Historicamente, os Jogos Olímpicos foram instituídos em 776 a.c. constituindo-se de uma única prova, a corrida de 192,27 metros, feita em torno do altar de Zeus. Em 708, o *pentathlon*, a mais apreciada das modalidades esportivas, composta de cinco provas eliminatórias, passou a ser disputada no evento. Da primeira das cinco provas podiam participar quaisquer concorrentes que conseguissem carregar halteres e lançá-los a uma distância mínima de 1,70m; a seguir vinha a prova de saltos. Os classificados participavam da corrida de 192,27 metros e os três mais bem classificados concorriam no lançamento de dardo. Finalmente, os dois melhores disputavam a luta, cujo vencedor era aquele que lançasse o adversário por três vezes a terra.

Em 648 a.C, três novas competições foram incluídas nos jogos: o pugilato; as corridas hípicas, as quais eram disputadas montando o animal em pêlo por 768 metros; e também as corridas de bigas ou quádrigas. No início do século VI a.C., surgiu o *pankrátion* ou força total, fusão da luta com o pugilato: o vencedor só era proclamado se jogasse seu competidor no chão e o obrigasse a declarar-se vencido.

Todos os concorrentes deveriam ser homens livres, sem nunca ter incorrido nas penas da lei; as mulheres não participavam dos jogos e os atletas competiam absolutamente nus. O vencedor recebia uma coroa com folhas de oliveiras silvestres. Voltar para casa como um vencedor de jogo olímpico era uma grande honra para a cidade que mandava seu competidor. A cidade tornava-se mais famosa quando tinha um grande vencedor de Jogos Olímpicos do que quando vencia uma batalha. Essa era a grande importância de ser um atleta bem treinado.

Nas primeiras competições dos Jogos Olímpicos, quem vencia quase todas as competições eram os espartanos, tradicionalmente grandes cultores do corpo. Consta que, além de competirem absolutamente nus, besuntavam o corpo com óleo de oliva para tornarem-se escorregadios nas lutas. Os espartanos eram tidos como muito agressivos e venciam em geral pela prevalência da força física.

Os Jogos Olímpicos aconteceram por doze séculos, até o ano de 393 d.C. quando então deixaram de ser disputados. Foram retomados somente após quinze séculos, em 1896, pelo Barão Pierre de Coubertin que, em nome da confraternização dos *povos civilizados*, acendeu novamente a tocha olímpica, reinstituindo-os como *os Jogos Olímpicos dos Tempos Modernos*.

O REINADO DE LAIO

Voltemos a Tebas, para onde Laio regressou, assumindo o reino, após a morte do usurpador Zeto. Conta Sófocles, na peça *Édipo Rei*, que Laio casou-se com a prima-irmã, Jocasta, descendente de Penteu. Já Homero, na *Odisséia*, relata que ele casou-se com Epicasta e não com Jocasta e, mais, que Édipo não era filho de Epicasta, mas sim de um casamento anterior do rei, o que é de certa maneira duvidoso. Essa é tão-somente mais uma versão mítica. No entanto, a versão considerada canônica continua sendo a de Sófocles.

O texto atribuído a Eurípides, como sendo parte do argumento da composição da peça *As Fenícias* (Eurípides, 2008, b), relata que Laio, antes de se casar, fora a Delfos consultar o oráculo, o qual vaticinou:

> Oráculo: Laio Labdácida, geração feliz de filhos pedes; procriarás caro filho, mas terás por destino às mãos de seu filho deixar a vida; pois assim assentiu Zeus Crônida por anuência às terríveis maldições de Pélops, de quem caro filho raptaste; mas ele te desejou tudo isso.

Essa profecia oracular de que seria morto pelo filho pode ser lida simbolicamente como tradução do fenômeno *disputa pelo poder.* Ser morto pelo próprio filho significa perder o reino. Nessa família, esse fenômeno é um fato consumado, além de retratar também a disputa pelo direito de reinar entre os descendentes do filho mais novo do casal ancestral e os descendentes da filha mais velha. Essa querela será magistralmente retomada por Sófocles na peça *Antígona*, quando Creonte interferir de forma que o casamento de Hêmon, seu filho, com Antígona não se realize, pois que, se assim se desse, o descendente seria considerado um *Labdácida*, pelo fato de Antígona ter o direito, como única remanescente da linhagem de Édipo, de forjar um descendente, condição essa denominada de *epiclerato* (Rosenfield, 2000, p. 40 e segs.).

A par disso, existem várias manifestações oraculares nas diferentes tragédias da literatura clássica da Grécia antiga. Na peça *Os Sete contra Tebas*, de Ésquilo, o coro canta, na Antístrofe 2, tecendo considerações sobre a morte de Etéocles e Polínices, como castigo *hamártico* do crime de Laio:

> Sim, depressa castigado
> Persiste mesmo assim na terceira geração,
> O antigo pecado que Laio
> Cometeu contra Apolo que,
> Três vezes, sobre o umbigo do mundo,
> No qual os seus pítios oráculos,
> Lhe diziam para morrer sem descendentes
> A fim de salvar a cidade (Édipo Antigo, s/d, p. 75).

Apolodoro, em sua Biblioteca Mitológica (2004, III. 5.5-9), conta que:

> Expulsaram Laio, que passou a viver no Peloponeso como hóspede de Pélops. Apaixonando-se pelo filho deste, Crísipo, ao ensinar-lhe a condução de carros, raptou-o. Após a morte de Anfion, Laio assumiu a realeza. Desposou uma filha de Meneceu,

dita Jocasta por uns e Epicasta por outros. O oráculo divino proclamara: que não procriasse, pois o gerado será parricida; mas ele, embriagado, teve relações com a mulher. Ele entregou a criança nascida, perfurando-lhe os tornozelos com fíbulas, a um pastor para que a expusesse. Mas, tendo-a ele exposto no Cíteron, boiadeiros de Pólibo, rei de Corinto, encontraram o bebê e o levaram para sua mulher, Peribéia. Ela o acolheu tomando-o por seu e, curando-lhe os tornozelos, chamou-o Édipo, pondo-lhe esse nome por causa do inchaço dos pés.

Na *Crônica* de Diodoro Sículo (2008, c), *Biblioteca da História*, IV. 64, encontramos o seguinte relato:

> Laio, rei de Tebas, desposara Jocasta, a (filha) de Creonte, e como por um bom tempo não tivesse filhos, interrogou o deus a respeito de gerar filhos. O oráculo que a Pítia lhe deu foi de que não lhe seria proveitoso que tivesse filhos, pois o filho dele gerado seria parricida e por toda sua casa acumular-se-iam grandes infortúnios.
>
> Como ele, esquecido do oráculo, gerasse um filho, expôs o bebê, tendo-lhe transpassado os tornozelos com um ferro, por cuja razão ele foi posteriormente chamado Édipo. Os servos que receberam o menino não quiseram expô-lo e o deram de presente à mulher de Pólibo, que não podia ter filhos. Posteriormente, quando o menino já era homem, Laio decidiu interrogar o deus acerca do bebê exposto; já Édipo, tendo sabido por alguém que ele mesmo era espúrio, foi interrogar a Pítia acerca de seus verdadeiros pais. Eles vieram a se encontrar na Fócida. Laio, arrogante, ordenou que ele saísse do caminho, mas Édipo, furioso, matou Laio, ignorando que ele era seu pai...

Ésquilo, em seu argumento para a composição do texto *Sete contra Tebas* (2008,d), conta-nos que:

Laio, filho de Lábdaco, era rei de Tebas. Ele desposou Jocasta, filha de Meneceu, mas temeroso por causa das maldições de Pélops, não ousava manter relações com ela e gerar filhos. Pois, diz-se que Laio se apaixonara por Crísipo, filho de Pélops, levou-o consigo e teve relações com ele. Laio deu o primeiro exemplo de sodomia entre os homens, assim como Zeus o fizera entre os deuses pelo rapto de Ganimedes. Quando Pélops descobriu o rapto, amaldiçoou Laio de destruição por seus próprios rebentos. Quando Laio, que não tinha filhos pela razão justamente dada, já passara o ápice de seu vigor, foi ao oráculo de Apolo perguntar se deveria gerar filhos. Foi-lhe dado este oráculo: Não, contrário aos deuses, semeie o rego de crianças. Com esta resposta oracular, ele voltou para casa e tomou cuidado em não dormir com sua esposa. Mas um dia, dominado pelo vinho, manteve relações com sua mulher e ela deu à luz Édipo. Temeu a resposta oracular que dissera - se gerares um filho, o que nascer te matará -, justamente como Pélops o amaldiçoara.

Sófocles, considerado o autor mais canônico do relato do mitologema de Édipo, retrata nosso herói como filho de Laio e Jocasta. Se esse filho nasceu torto, defeituoso, com o estigma da família dos *Labdácidas*, ou, mais provavelmente, com o ônus da maldição oracular que o fazia um parricida, o certo é que Laio resolveu expô-lo ou mandou matá-lo. Se há algo de que a mítica carece é de **lógica**.

O mito, como sabemos, é uma forma de explicar o mundo e o homem. Mas é um modo não-lógico de entender as coisas, traduzindo a realidade primordial de ser e estar no mundo. E, por não ser lógica, essa forma de explicação do sistema mítico pode ser compreendida como decorrente de um entendimento ou sabedoria que advém do universo inconsciente.

Para Joseph Campbell (2002), as mitologias tradicionais cumprem quatro funções, que traduzimos como: **religiosa**, pois concorre para harmonizar a consciência; **lógica**, pois interpreta as imagens do universo; **ética**, pois dá respaldo, de ordem moral, às vivências; e **estruturante**, pois conduz os humanos pelos estágios e ritos de passagem da vida.

Voltando à temática mítica acerca de Laio, seu filho foi concebido, gestado e nasceu apesar de todas as interdições oraculares. Édipo nasce como um maldito, pois a profecia de um destino trágico antecede sua existência. No sentido mítico, todo aquele que nasce com interdição similar deve ser exposto. Páris, por exemplo, antes de nascer, foi-lhe profetizado que seria o destruidor de Tróia, pois sua mãe Hécuba, quando grávida do menino, sonhou que este nascia com uma tocha incendiária em suas mãos. Heleno, possuidor de dons proféticos, interpretou o sonho como sinal de maldição para o nascituro. Assim, o pequeno Páris, tão logo nasceu, foi exposto, ou seja, foi levado para um monte e abandonado à mercê da natureza. Como recém-nascido, era absolutamente incompetente para a sobrevivência e, dessa forma, a exposição era uma forma de render-se à manifestação do sagrado que determinaria se o nascituro exposto sobreviveria ou não. Se a divindade interviesse, a proteção far-se-ia através de mãos humanas, de forma aparentemente fortuita ou pela presença protetora de um animal. Édipo é um exposto, seja por ser um maldito ou, talvez, por ser portador de um defeito físico. Como já apontamos acima, Apolodoro, em sua Biblioteca Mitológica (2004, III. 5.5-9), conta que Laio após desposar Jocasta fora advertido pelo oráculo para não procriar, pois o gerado seria parricida. Todavia Édipo foi concebido e nasceu. Andes de entregar o menino para expô-lo no Monte Cíteron, perfurou-lhe os tornozelos com fíbulas. Mas, tendo-o exposto, foi encontrado pelos boiadeiros de Pólibo, rei de Corinto, que o levaram para sua mulher, Peribéia. O menino foi acolhido e a rainha tomando-o como seu, curou-lhe os ferimentos e o chamou-o Édipo, por causa de seus pés inchados.

Assim dito, depreendemos que Édipo foi exposto por ser um maldito e, além disso, foi mutilado pelo próprio pai. Mas ficamos sabendo também que a providência divina interferiu, pois Édipo foi encontrado, recolhido e adotado pela rainha de Corinto, chamada por Apolodoro de Peribéia e por Sófocles de Mérope. Édipo é, portanto, um abandonado tanto de pai quanto de mãe. A dor de Édipo é de abandono e rejeição. Segundo Sófocles (1999), teria sido a própria Jocasta quem entregou o filho ao servo para que o levasse, como criança maldita, para ser exposto.

Segundo Kerényi (1993b, p. 84),

... a criança foi exposta num cofre ao tempo do inverno: assim consta na tragédia de Ésquilo, Laio. E... ainda teriam feito mais: teriam perfurado seus pés com um alfinete de ouro ou com um ferro pontudo... Conservou, talvez, de sua antiga natureza de dáctilo o fato de ter cabelos ruivos e freqüentes acessos de raiva. A partir de relatos mais refinados sobre heróis expostos e filhos de deuses foram-lhe atribuídas características que o faziam filho do sol, um filho, por assim dizer, do deus-sol, Hélio. Como Perseu, foi exposto sobre a água num caixote: talvez no Euripo, o mar com correnteza que separa a Beócia da Eubéia ou na baia de Corinto. E assim chegou às proximidades da cidade em que reinava Pólibo, um dos filhos de Hermes, cidade que pode ter sido Antédon, Corinto ou Sicione. A rainha Mérope, cujo nome, como também o de Pólibo, se refere a muitos rebanhos de gado, estava na praia lavando roupa quando o caixote chegou: uma situação dos tempos dos heróis. Numa cerâmica dos tempos de Homero vê-se que é Hermes que entrega a criança à rainha e ela a coloca no colo do rei. A este casal ela não trouxe desgraça. Édipo cresceu na casa de Pólibo pensando que era sua casa paterna. Mas, segundo a versão bem conhecida, ele não foi exposto no mar, mas no monte Citerão onde costumavam encontrar-se os pastores de Tebas, por um lado, e os de Corinto ou Sicione, por outro.

Vinte anos são passados e o reino segue seu caminho natural até o momento em que a Esfinge aparece em Tebas e posta-se em uma das entradas principais. Para todos os jovens belos que por lá passavam, ou seja, somente para os homens jovens e belos, a Esfinge fazia a pergunta. E se não soubessem responder, eram devorados por ela. A Esfinge, criatura monstruosa, pertence ao reino da Grande Mãe, e é tida como filha do incesto. A questão que se apresenta é: por que a Esfinge teria aparecido nas portas de Tebas para perturbar a vida dos tebanos?

Apolodoro, em sua Biblioteca Mitológica (2004, III. 5.5-9), relata:

> Em seu reinado, uma desgraça abateu Tebas. Pois Hera enviou a Esfinge (Equidna era sua mãe e Tífon seu pai), que tinha rosto de mulher, peito, pé e cauda de leão e asas de pássaro. Tendo aprendido das Musas um enigma, assentava no monte Fício e o propunha aos tebanos. Este era o enigma: o que é que tem uma só voz e fica quadrúpede, bípede e trípede.
>
> Ora, os tebanos possuíam um oráculo dizendo que afastariam a Esfinge assim que deslindassem o enigma. Inúmeras vezes eles se reuniram para isso, pesquisando qual fosse a resposta; mas, como não a descobrissem, ela apanhava um e o devorava. Quando muitos já tinham morrido (por último Hêmon, filho de Creonte), Creonte fez uma proclamação de que daria a realeza e a mulher de Laio a quem decifrasse o enigma. Inteirado disso, Édipo decifrou, declarando que o enigma referido pela Esfinge era o homem: quando bebê fica quadrúpede ao se deslocar nos quatro membros; quando adulto, bípede; quando velho, toma um terceiro pé no cajado. Então a Esfinge se precipitou da acrópole.

Pisandro, na *Escólia* de Eurípides sobre as *Fenícias (2008, e)*, relata:

A Esfinge fora enviada aos tebanos, dos confins da Etiópia, pela cólera de Hera, porque não haviam punido Laio pelo sacrilégio de seu amor ilícito por Crísipo, a quem raptara de Pisa. A Esfinge tinha, como (aparece) nos desenhos, cauda de dragão. Ela raptava pequenos e grandes e os devorava, entre eles Hêmon, o filho de Creonte, e Hípios, filho de Eurínomo, aquele que combateu os Centauros [...] Então Tirésias, adivinho ciente da abominação de Laio pelos deuses, tentou afastá-lo da via para Apolo e a oferecer sacrifícios antes a Hera, deusa casamenteira. Mas ele o menosprezou. Partiu e foi morto, ele mais seu cocheiro, na via fendida, ao agredir Édipo com seu chicote. Ele os enterrou de imediato com seus mantos, mas tirou de Laio o cinturão e a espada, portando-os. Já o carro, em seu retorno, deu a Pólibo. Em seguida, desposou a mãe ao solucionar o enigma. Posteriormente, encarregado de certos sacrifícios no Cíteron, descia levando Jocasta no carro, quando, ao passarem por aquele local da via fendida, Édipo lembrou-se do lugar e o apontou para Jocasta, contando-lhe o feito e mostrando-lhe o cinturão. Ela, embora terrivelmente perturbada, ficou calada, pois ignorava que ele era seu filho. Depois disso, chegou um velho que cuidava de cavalos em Sicione e lhe contou tudo: como ele o encontrara, o pegara e o entregara a Mérope; também lhe mostrou as fraldas e os alfinetes e reclamou para si o resgate. Assim tudo ficou conhecido. Dizem que após a morte de Jocasta e o seu cegamento, ele desposou a jovem Eurigânia, de quem lhe nasceram os quatro filhos. Assim narra Pisandro.

Laio não sabia o que fazer com a maldição. Decidiu-se por realizar uma consulta oracular. Parte com sua comitiva real em direção a Delfos...

E, nesse momento, precisamos retroceder no tempo e retomar a história do nosso herói Édipo, acompanhando seu desenvolvimento ao longo de sua infância e juventude, desde sua adoção pelos reis de Corinto até o momento de seu fatídico encontro com Laio. Édipo bebê fora adotado pelo casal real Pólibo e Peribéia (ou Mérope). A rainha, segundo Apolodoro, tão logo recebeu o bebê,

> ...o acolheu tomando-o por seu e, curando-lhe os tornozelos, chamou-o Édipo, pondo-lhe esse nome por causa do inchaço dos pés. Como o menino, já crescido, superasse os colegas em força, eles, despeitados, o injuriavam por espúrio. Ele inquiriu Peribéia, mas nada conseguiu saber.

Édipo, como toda criança adotada, sabe do fato, mas não tem consciência. Apolodoro o descreve como um menino forte; todavia, era manco.

AS MARCAS DO CORPO COMO SINAIS DE IDENTIDADE

O herói carrega, marcadas em seu corpo, cicatrizes únicas, decorrentes de lutas enfrentadas em suas batalhas ou travadas nas caçadas a animais, como carrega memórias de fatos que somente ele e o outro, que o identifica, conhecem. Assim, podemos dizer que a imparidade do herói, ou seja, aquilo em que ele difere de todos os demais, está definida por características ímpares. Édipo tem uma lesão de tornozelo, que determina, por conseqüência, um edema acentuado do pé correspondente. Sabemos que seu nome decorre dessa situação e, certamente, confere-lhe uma característica ímpar.

Outro personagem mítico importante que corrobora o fenômeno das marcas do corpo como sinais de identidade é Ulisses. O herói, em sua adolescência, estando na casa do avô materno, Autólico, participou de uma caçada ao javali, atividade que configura parte do rito iniciático do jovem. Caçar um animal feroz – javali –, expressão da autoridade espiritual (Chevalier e Gheerbrant, 1996, p. 516), cuja carne está consagrada como alimento dos deuses e cuja captura representa assumir o poder sobre, confere ao jovem que mata esse animal competência para assumir a condição adulta.

Quando Ulisses defrontou-se com o javali, foi ferido gravemente na perna, restando-lhe dessa aventura uma cicatriz inconfundível. Quando retorna de sua longa e interminável viagem de Tróia, após ausência de quase vinte anos, a ama o reconhece pela cicatriz, ao lavar os pés e as pernas do suposto mendigo, roupagem sob a qual se apresentara no próprio castelo. Ulisses também se faz reconhecer ao nomear as árvores com que seu pai o presenteara, ainda menino, e o fato ocorrera na presença de Eumeu, o porcariço.

A caça ao javali ocorre também como uma das tarefas de Héracles, que perseguiu o animal nas planícies de Erimanto, auxiliado por Teseu. Meléagro, por sua vez, participou da caçada ao javali de Cálidon, auxiliado por Atalanta e muitos outros heróis.

Da mesma forma que as marcas do corpo conferem atributos ímpares, determinantes de características da identidade, as cicatrizes da alma, carregadas pelos seres humanos, coagulam configurações ímpares que definem a individualidade. É ilusória a situação, tão arraigada na maioria de nossos clientes, de desejar esquecer, apagar totalmente da memória determinados momentos constitutivos de marcantes feridas de alma. Se fosse possível apagar as memórias, certamente deixaríamos de ser quem somos, perdendo, portanto, o que de mais característico temos em nossa imparidade.

ÉDIPO, A ESFINGE E A NATUREZA DO ENIGMA

Édipo, freqüentemente tomado pela *hybris*, expressa-se pela arrogância. Sua filha, Antígona, será herdeira dessa altivez própria dos que temem ter pés de barro. Édipo, considerado o maior decifrador de enigmas, torna-se confuso quando sua pergunta não foi respondida pelo oráculo, da forma como ele queria, ou melhor, da forma como ele precisava para continuar negando a verdade que sua *consciência corporal* sabia desde sempre, mas a defesa psíquica negava.

> Édipo:
> - *Sou um filho adotivo? (sou um plastói?)*
> Oráculo:
> *Estás destinado a matar teu pai e casar-te com tua mãe!*

Édipo está diante de um enigma sem solução. Atingido no mais profundo rincão de si mesmo, no âmago de seu complexo, entra em estado confusional.

> Édipo:
> *Como irei matar meu pai e casar-me com minha própria mãe?*
> *Os divinos querem me enlouquecer?*

No entanto, nosso herói fora levado a Delfos para obter *respostas às suas dúvidas quanto a ser um filho adotivo*. Ora, há de convir que Édipo somente fizera a pergunta, pois intimamente intuía, desconfiava, sabia qual seria a resposta. Sabia-se adotivo. Entretanto, essa condição – ser adotivo – configurava para sua altivez a maldição humilhante.

O oráculo, podemos pensar, é a voz interior do próprio *Self*, e Édipo não conseguira ouvi-lo como coisa sua, como sua própria voz interior. Aturdido pelo conflito, como também pelo destino que o espera e ameaça, depara-se com a carruagem de Laio, trafegando sem as insígnias reais.

As ações humanas, decorrentes de ímpetos intempestivos, são atrozes, pois confirmam a desdita onde somente a reflexão permeada pela humildade poderia redimir. O herói, tomado por polarizações extremadas, *abusa* dos descomedimentos: violência, jactância, prepotência, arrogância emergem de forma desatinada. E a *hybris* o leva a fazer o que somente o herói pode fazer. Herói não pensa, herói faz, é o que nos diz Von Franz (in Jung, E. & Von Franz, 1995), em seu texto *A Lenda do Graal*, (escrito sobre os dados de pesquisa de Emma Jung). E por não pensar, ou melhor, por não refletir – o que seria a característica fundamental de um Ego estruturado –, a psique sucumbe à ação heróica. Assim ocorrendo, o **Eu** desejoso de autonomia, desejoso de transcender as polaridades, sucumbe à emergência do complexo heróico portador de todos os descomedimentos.

Édipo, diante da carruagem de Laio e de seus súditos, sentindo-se ultrajado por não ter a primazia da passagem do caminho, é vencido pela emocionalidade, a arrogância assoma o espírito e a violência emerge desmedida.

Édipo foi atacado! Seu rosto foi atingido pelo bordão do rei!

Não há como resistir: o rei, o cocheiro e os seguranças são mortos com seu cajado, seu terceiro pé. Um dos guardas se esconde e, quando a matança termina, foge para Tebas, onde vai anunciar à rainha Jocasta e a Creonte que o rei Laio fora atacado e morto por um grupo de assaltantes ou por uma quadrilha de malfeitores. O servo estava envergonhado por sua própria conduta, que denotava um comportamento covarde, qual seja, não ter ficado para defender o rei, como era o seu dever. E acaba por criar a versão distorcida do incidente, justificando sua incompetência diante do ataque sofrido pelo rei Laio: dizendo-se muito confuso e constrangido com o infausto acontecimento, pede à rainha para mandá-lo para o trabalho no campo. E assim se deu!

Édipo atacara e matara o rei, sem sabê-lo seu próprio pai, e o destino se cumpria por suas próprias mãos. Édipo despoja suas vítimas de seus bens e segue para Corinto. Entrega a carruagem a Pólibo, a quem tinha como pai, e despede-se sem relatar os motivos de sua partida. Parte sem destino com intenção de não mais retornar a Corinto com receio da profecia, sem saber já tê-la cumprido em parte. Dirigiu-se, ou melhor, foi atraído para Tebas, onde o poder acenava como possibilidade. Soubera do édito de Creonte, regente interino, prometendo a mão da rainha em casamento e, conseqüentemente, o direito de assumir a regência de Tebas a quem salvasse a cidade da maldição da Esfinge.

Édipo novamente irá deparar-se com a emergência do Self. Quando procurara o oráculo de Delfos, na realidade o que buscava era se saber: *Quem sou Eu?*

Era esperado que a Esfinge, ao propor o enigma, o fizesse com a intenção precípua de Édipo descobrir nome secreto dela! A criatura monstruosa, no entanto, propõe um enigma que, em última instância, era para ele, Édipo, descobrir sua natureza mais profunda, o segredo de si mesmo.

Vamos encontrar o enigma proposto pela Esfinge em Eurípides (2008, b), no Argumento às *Fenícias*:

> Há sobre a terra bípede e quadrúpede, de uma só voz, também trípede; único que muda de natureza de quantos sobre a terra rastejante, acima nos céus e pelo mar existem. Entretanto,

quando apoiado em mais pés anda, então vigor mais debilitado dos membros o move.

Há outra versão para a questão da Esfinge:

> Existe um bípede sobre a Terra e um quadrúpede a um só tempo, com uma voz, e que também é um trípode. Quantos viventes vagueiam pela terra, ar e mar e qual é o único que enfraquece quanto maior é o número de pés em que se apóia? Quem é?

Dizem as fábulas que Édipo, tão insolentemente convencido, não teria nem mesmo se dignado a responder. Apenas inclinou-se e colocou a mão na testa, como se a afirmar: *sou eu. Afinal de contas eu andei com quatro patas pela manhã, com duas mais tarde, e finalmente com três, eu tenho três pés, eu sou um trípode.* A questão insólita, quando resolvida, confere o poder sobre o monstro. Todavia, a Esfinge propõe uma questão cuja resposta é o nome do bípede, trípode com voz! A resposta genérica a essa questão seria, certamente, o homem. Édipo responde como sendo ele próprio a solução: *sou eu ou eu sou a resposta.* Apesar de responder, não atenta para o que diz, não reflete sobre o insólito do enigma diante do qual se colocou. O mais estranho é que a resposta dada por Édipo corresponde à solução de seu maior desejo: *quem sou eu?* Saber-se implica ter o poder sobre si mesmo, sobre o *monstro* que é, deslindar as sombras que carrega, conscientizar-se das defesas que estruturou ao longo dos tempos. A Esfinge ao mesmo tempo se-lhe apresenta como questionadora e também a própria resposta, da mesma forma que Édipo, ao questionar-se, é a resposta para si mesmo.

Édipo e a Esfinge, simbolicamente, são hipóstases: a Esfinge é a revelação da natureza mais íntima de Édipo. Esse é o enigma que o solucionador de enigmas não resolveu. No final dos tempos precisará cegar-se para o poder de controlar o mundo e render-se à condição de buscar-se na escuridão de si mesmo, em um processo de conhecimento profundo de si próprio, descrito pelos gregos como *anagnóresis*. Somente então descobrirá em si sua natureza já então expressa na figura da Esfinge.

George Baurand, citado por Chevalier e Gheerbrant (1996, p. 389), referindo-se à placidez da contemplação das esfinges egípcias, diz:

> Nenhuma inquietação, nenhum tremor nos traços, como vemos nas máscaras gregas. Não estão fitando um enigma cuja grandeza as perturba, mas chegando interiormente a uma verdade absoluta, cuja plenitude as preenche ao contemplarem o nascer do sol.

A Esfinge de Édipo é, assim, serena, plácida, contemplando o solucionador do seu enigma. A esfinge espera pelo seu decifrador, aquele com poder sobre ela. A esfinge contempla Édipo com a serenidade da certeza da verdade absoluta: quando decifrada, trará a ela e a seu decifrador a plenitude dos realizados.

A Esfinge de Édipo é alada (*águia*), tem rosto de *mulher*, corpo de *leão* e talvez cauda de *serpente*. A realeza do corpo leonino arrogante, audacioso, conjuga-se com a leveza das asas. Os animais alados são, em geral, expressão simbólica do espírito, da elevação, realidade complementar do corpo arrogante que resta plantado na terra. O rosto feminino, reclamante de espaço na psique de Édipo, tão carente dessa polaridade amenizadora, é sereno, sorridente, chama e reclama por ser decifrado, ou melhor, por ser integrado, como componente imprescindível da *anima* que dará a Édipo a inteireza estrutural do ser humano.

Para Chevalier, a **Águia** é:

> a **rainha das aves**, mensageira da mais alta divindade, símbolo primitivo do pai; substituta do sol... Dotada de força solar e uraniana, a águia torna-se o pássaro-tutelar, o iniciador, o psicopompo... Rainha das aves, diz Píndaro, a águia dorme pousada no cetro de Zeus, cujas vontades faz conhecer aos

homens. Quando Príamo vai rogar a Aquiles que lhe entregue o cadáver de Heitor, faz, antes de partir, uma libação a Zeus: Envia-me teu pássaro, rápido mensageiro, pássaro que tem, dentre todos, a tua predileção, e que possui a força suprema. Surge do lado direito, num vôo impetuoso sobre a cidade e, ao vê-lo, todos se regozijam, com os corações a se desfazerem de alegria (Ilíada, 24, 308-321). Quando a águia surge à esquerda, significa mau agouro. Como todo símbolo, a águia possui também um aspecto noturno ou desastroso; é o exagero de sua coragem, a perversão da sua força, o descomedimento de sua própria exaltação. Simboliza a emoção brusca e violenta, a paixão consumidora do espírito. É o símbolo do orgulho e opressão... (Chevalier, J. e Gheerbrant, A. 1996, p. 22-26).

Ainda para Chevalier,

O **Leão**: poderoso, símbolo solar, rei dos animais está imbuído das qualidades e defeitos inerentes as suas categorias... Se ele é a própria encarnação do **Poder**, da **Sabedoria, Justiça**, por outro lado, o excesso de orgulho e confiança em si mesmo faz dele o símbolo do Pai, Mestre Soberano que, ofuscado pelo próprio poder, cego pela própria luz, se torna um tirano, crendo-se protetor. Pode ser, portanto, admirável, bem como insuportável (Chevalier, J. e Gheerbrant, A. 1996, p. 538-540).

A **Serpente** visível é uma hierofania do sagrado natural, não espiritual, mas material... Rápida como o relâmpago, a serpente visível sempre surge de uma **abertura escura**, fenda ou rachadura, para cuspir morte ou vida antes de retornar ao invisível. Ou então, abandona os aspectos masculinos para fazer-se feminina: enrosca-se, beija, abraça, sufoca, engole, digere e dorme. Esta serpente fêmea é a invisível serpente-princípio que mora nas profundas camadas da terra... Ela é enigmática, secreta; é impossível prever-lhe as decisões, que são tão súbitas quanto as suas metamorfoses. Ela brinca com os sexos como com os opostos; é fêmea e macho; gêmea em si mesma, como tantos deuses criadores que em suas primeiras representações sempre aparecem como serpentes cósmicas... A serpente, escreve Bachelard, é um dos mais importantes arquétipos da alma humana... O papel inspirador da serpente aparece claramente nos mitos e ritos relativos à história e ao culto das duas grandes divindades da poesia, da música, da medicina e, sobretudo, da adivinhação – Apolo e Dioniso (Chevalier, J. e Gheerbrant, A. 1996, p. 814-825).

A Esfinge retrataria, portanto, a natureza e a identidade mais profunda de Édipo, expressando realidades simbólicas inestimáveis que, em sendo integradas à estrutura da consciência, passariam a compor um ego tanto quanto uma psique de forma saudável.

Édipo não entendeu a pergunta como sendo *a reposta* para suas tantas questões e tentou encontrar a explicação mais banal, mais formal, mais genérica, mais coletiva. A oportunidade de saber-se sendo e dando testemunho de si mesmo foi perdida e Édipo ficou na resposta correspondente à expectativa do coletivo.

E a resposta soou frágil: é o homem, ou sou eu, um bípede, trípode...

Quando Édipo respondeu: *sou eu, um bípede, trípode,* respondia na verdade com suas deficiências monstruosas, ou seja, *sou eu, o homem manco.*

A Esfinge atirou-se do penhasco ao ver-se decifrada, pois na verdade o fora. Quando Édipo responde *sou eu,* respondia *eu sou você, eu sou o seu nome.* Somente quando a identidade do monstro fosse descoberta, o inquirido adquiriria poder sobre o inquiridor. Ao responder: *Sou eu!,* Édipo decifrou a Esfinge sem saber que estava decifrando a si próprio.

Esse, talvez, seja o maior pecado de Édipo. Decifrou-se sem saber ter-se decifrado. Matou quem não poderia ter matado e casou-se com a rainha sem saber estar casando-se com a própria mãe e teve filhos que nunca deveriam ter nascido; as aberrações se desdobravam: era um filho-amante, irmão dos próprios filhos, assassino do próprio pai, herdeiro da maldição.

ÉDIPO REI

Passaram-se os dias e os anos e Tebas conheceu a fartura, a riqueza, o desenvolvimento e a justiça. Édipo governa com competência e sabedoria. Mas quando todos julgavam que as tragédias estavam superadas, quando tudo parecia, de fato, sanado, desde a histórica *derrota* da demoníaca criatura, a maldição retorna.

Édipo, inexoravelmente, não poderá fugir à regra: casara-se com a terra, com os bens, com a riqueza, com o poder instituído, mas casara-se também com a maldição hereditária. E o sinistro conjura contra Tebas. É a peste avassaladora. O mal devora os corpos sadios dos tebanos e, tal qual a esfinge, ceifa os habitantes, impiedosa, implacável como são as fúrias. O desespero desaba sobre a cidade. A morte não poupa nem a terra, nem os frutos e flores, nem os animais, nem mesmo as crianças, impedidas de nascer.

Édipo abandona o palácio e desce vagarosamente a escadaria enorme em direção ao grupo de jovens, sentados ou de joelhos, empunhando ramos de louro e de oliveira. Dentre os anciãos está um *sacerdote* de Zeus. Abre-se a porta central; Édipo aparece, contempla o povo, e fala em tom paternal. Assim começa a tragédia *Édipo Rei*, de Sófocles. O rei quer saber: o que os aflige? O que aterroriza a todos?

O sacerdote, embora usando as perífrases costumeiras, não deixava de ser incisivo. Pede ao rei, pai comum, que conduza a nau da cidade a um porto seguro, seguindo com retidão e segurança, pois era ele o depositário de toda a esperança e sua condição de regente exigia-lhe posição firme para salvar a comunidade.

Édipo sofre diante do mal insólito! Que fazer se nada lhe era perguntado? Como resolver o enigma diante do qual Tebas sucumbia, enigma que invadia os lares, as fazendas, os estábulos e currais de forma invisível, na calada da noite, e a morte a tudo grassava qual ceifadeira maldita?

E, mais, a peste era um mal de Apolo, todos sabiam! Homero haveria de cantar, em sua *Ilíada*, a fúria do divino Peã quando Agamêmnon cometeu a *hybris* de tomar Criseida, filha do sacerdote Crises – servidor de Apolo – como sua amante. A peste também grassaria os campos de Tróia, levando os exércitos aqueus a soçobrarem... Estaria o divino expoente da música, da medicina, da justiça, ofendido com descomedimentos do rei Édipo, os quais ele próprio absolutamente desconhecia?

Édipo envia seu cunhado Creonte ao oráculo pítico, ciente de que, do novo enigma vindo de lá, algo haveria de ser extraído para consolar o povo. E, se assim se desse, Édipo haveria de cumprir a sentença apolínea nos seus mais ínfimos detalhes. Vejamos, portanto, o que o rei falou a seu povo:

> E a única providência que consegui encontrar, ao cabo de longo esforço, eu a executei imediatamente. Creonte, meu cunhado, filho de Meneceu, foi por mim enviado ao templo de Apolo, para consultar o oráculo sobre o que nos cumpre fazer para salvar a cidade.

Édipo jogava com o destino. A partir desse momento, acelera-se o processo de sua perdição. Para salvar o poder e salvar a cidade, precisará apurar a verdade, o que redundará na perda do próprio poder. Lutar contra o mal desconhecido é lutar com a verdade que nunca pode saber. Luta contra si próprio, luta contra sua cegueira de alma.

Creonte retorna de sua viagem a Delfos; vem radiante, o que alegra Édipo. Pede que declare imediatamente o que Apolo vaticinara. Mas Creonte demora em responder; não sabe se deve falar em público. Édipo se exaspera, pois sente-se responsável pelo sofrimento de todos. Ele, como os demais, tem expectativas:

> ...O rei Apolo ordena, expressamente, que purifiquemos esta terra da mancha que ela mantém; que não a deixemos agravar-se até tornar-se incurável. Urge expulsar o culpado, ou punir, com a morte, o assassino, pois o sangue maculou a cidade.
>
> Édipo parece não entender. De que mancha se trata? Quem foi morto? De que homem se refere o oráculo à morte?

A maldição de Édipo, já consumada, reclama por espaço no campo da consciência. Essa é a terceira vez que o *Self* apresenta-se anunciando a demanda para a instauração de um padrão de consciência reflexiva. É necessário que Édipo saiba quem ele é realmente. É necessário que descubra que nada é fortuito, mas sim sincrônico e com sentido transcendente. É necessário que os fenômenos, aparentemente aleatórios, encontrem-se na claridade luminosa do padrão apolíneo e revelem o contexto simbólico que permeia todas as tessituras da existência de Édipo. Somente assim o padrão da consciência reflexiva poderá se fazer e o ser humano descobrir-se como co-partícipe de toda e qualquer realidade à qual – querendo ou não, sabendo ou não, escolhendo ou não – está engajado, dela faz parte e é também responsável simbolicamente por tudo quanto nela acontece. Somente assim se saberá gestor da própria humanidade. Somente assim poderá saber:

- *Quem é?*
- *Que está fazendo aqui?*
- *Qual o sentido de sua vida?* E, finalmente,
- *Qual sua responsabilidade diante de tudo e todos quantos o cercam?*

Édipo comprometera-se a envidar todos os esforços para resolver o enigma da morte de Laio e começa um interrogatório para informar-se de todos os detalhes. Todavia, todos os esforços para esclarecer o enigma da morte do Rei Laio redundaram em frustrações. Édipo debate-se em sofrimento. Em Sófocles, a solução vem por meio da manifestação do coro e do Corifeu (chefe do coro), seu melhor representante. O coro e o Corifeu, como sabemos, podem ser entendidos como vozes do coletivo ou como manifestação do inconsciente (pessoal ou coletivo).

Quando o Corifeu diz a Édipo: *Conheço alguém que, quase tanto como Apolo, sabe dos mistérios profundos! É Tirésias. Se o interrogarmos, ó príncipe, ele nos dirá claramente o que se passou,* na realidade, é a sabedoria do povo que se está expressando. E Édipo, conhecedor dos dons proféticos e de vidência de Tirésias, sincronicamente às demandas do coletivo, aguarda a presença do sábio, pois já havia mandado chamá-lo.

QUEM É TIRÉSIAS

Segundo Apolodoro (2004, 151), *havia entre os tebanos um adivinho, Tirésias, filho de Everes e da ninfa Clárico, da linhagem de Udeo,* que nasceu dos dentes do dragão, semeados por Cadmo. Tirésias fora *privado da visão.* Muitas são as histórias para explicar a cegueira de Tirésias. Dentre as versões, uma diz ser um castigo por ter ele revelado aos mortais os segredos do Olimpo; outra versão diz ser a punição imposta por ter revelado a Anfitrião as aventuras de Alcmena; uma terceira, por ter visto Atená banhar-se na fonte Hipocrene. Quanto a essa última hipótese, esclarece a lenda que Tirésias, em sua juventude, vira, por acaso, a deusa se banhando. Furiosa, a divina o privou da visão, porém, por ser muito amiga de Clárico, mãe de Tirésias, por insistência da ninfa, Atená, não podendo devolver-lhe a visão, limpou-lhe os ouvidos, fazendo com que compreendesse totalmente a linguagem dos pássaros, e o presenteou com um bastão de cerejeira silvestre, com o qual podia caminhar com desenvoltura.

A causa mais conhecida ou a mais canônica decorre do relato de Hesíodo, que afirma ter Tirésias visto duas serpentes copulando, perto do monte Cilene. E, por assim vê-las, feriu-as ao tentar separá-las, com o que se transformou de homem em mulher. Em outro momento, voltou a vê-las novamente em cópula e, separando-as, retomou sua condição de homem. Esse é o relato feito por Apolodoro.

Todavia, Julia Garcia Moreno, tradutora e comentadora do texto *Biblioteca Mitológica* de Apolodoro (2004), em nota de rodapé n. 64, p. 151, diz:

> La versión de Ferécides sobre la causa de la ceguera de Tiresias es ofrecida con mayor detalle por Calímaco en "El baño de Palas" 57-133; la segunda causa citada por Apolodoro y atribuida a Hesiodo es la que citan Ovidio, Metamorfosis, III, 316-338; Higino, Fabulas75, y Antonino Liberal, Transform,17. Según Eustacio, un tal Sóstrato, autor de un poema elegíaco titulado Tiresias, afirmaba que este había cambiado siete veces de sexo. Fue el único adivino que conservaba sus dotes adivinatorias en el Hades[4].

Tirésias reside em Tebas e foi conselheiro de Creonte, sugerindo ao rei interino oferecer a Édipo, vencedor da Esfinge, o trono de Tebas e a mão de Jocasta. Mais tarde, irá auxiliar o herói na descoberta do mistério de seu nascimento. Predisse a morte dos sete chefes da infortunada expedição contra Tebas – *Os Sete Contra Tebas – Ésquilo* (Adastro, rei de Argos; Políhices, filho de Édipo; Tideu, da Caledônia; Partenopeu, da Arcádia, filho de Atalanta; Canapeu e Hipomedon, de Argos; e Anfiareu) e dez anos depois aconselhou os tebanos a entrar em negociações com os Epígonos (cada um dos filhos dos seis chefes mortos na expedição anterior, já que Adastro conseguiu fugir com seu exército para Atenas), antes de procurarem a salvação pela fuga.

Não se sabe se escapou dos invasores ou foi levado como cativo, mas a tradição revela que, mesmo depois de morto, conservou o dom dos prognósticos, dos pressentimentos e das previsões,

---

[4] A versão de Ferécides sobre a causa da cegueira de Tirésias está oferecida com maiores detalhes por Calímaco em "O banho de Palas" 57-l33; a segunda causa citada por Apolodoro e atribuída a Hesíodo é a que citam Ovídio, Metamorfoses, III, 3l6-338; Higino, Fabulas75, e Antonino Liberal, Transformação, l7. Segundo Eustacio, um tal Sóstrato, autor de um poema elegíaco intitulado Tirésias, afirmava que este havia mudado sete vezes de sexo. Foi o único adivinho que conservava seus dotes divinatórios no Hades (tradução minha).

exercendo-os no reino dos Ínferos, haja vista ter recebido Ulisses e o orientado quanto a seu retorno à Ítaca. Tirésias era adorado como deus pelos tebanos, tanto que, perto de Orcômeno, foi-lhe erigido um célebre oráculo.

São muitas as histórias a seu respeito, e algumas afirmam ter vivido cerca de sete, oito ou até nove vezes a idade natural de um humano, período em que foi sucessivamente homem e mulher. Diz a lenda que Tirésias foi orar sobre o monte Citerão (montanha na região central da Ática, consagrada a DIONISO e às musas), quando encontrou um casal de serpentes copulando, e ambas voltaram-se contra ele. Tirésias matou a fêmea e, imediatamente, transformou-se em mulher. Tornou-se uma prostituta famosa. Anos depois, indo orar sobre o mesmo monte, encontrou outro casal de serpentes copulando. Matou o macho e retomou a condição de homem. Por seu conhecimento sobre as particularidades dos dois sexos, foi chamado para opinar sobre uma discussão envolvendo Zeus e Hera a respeito de quem teria mais prazer na relação sexual, se o homem ou a mulher.

Tirésias viu-se, assim, diante de difícil tarefa: sabia que qualquer que fosse a opinião ou a decisão tomada, o deus *perdedor* ficaria irado com ele. De um lado Hera dizia ser o homem quem tinha mais prazer; Zeus, por sua vez, dizia ser a mulher. Tirésias deu o seu veredicto: *se dividirmos o prazer em dez partes, a mulher fica com nove e o homem com uma* (Ovídio, Metamorfoses III, 2003, p. 316-336).

Hera ficou furiosa por considerar o veredicto de Tirésias um testemunho da superioridade de Zeus ou do homem, visto ser ele o causador de tamanho prazer à mulher. Ledo engano da deusa! A fúria do feminino, defensivamente lutando contra o masculino opressor da dinâmica patriarcal, sem conseguir atentar para a dinâmica das parcerias em que o gozo maior é poder conferir prazer ao outro, faz a deusa reagir intempestivamente: Hera cega Tirésias implacavelmente. Zeus não podia retirar a maldição de Hera, mas podia conceder a Tirésias outro atributo. E assim o fez:

como compensação, deu-lhe o dom de conhecer o futuro, além do privilégio de sobreviver a sete, ou mais, gerações humanas.

A versão sobre ter sido Atená a causadora da cegueira do adivinho, relata Tirésias, caçador eventual da montanha, encontrando-se face a face com a deusa, em cena de banho na fonte Hipocrene sobre o monte Hélicon. Atená, injuriada, decidiu cegá-lo. Mas Clárico ou Caricio, mãe de Tirésias e amiga da deusa, interveio em favor do filho, conseguindo-lhe a dotação da dupla visão.

Tirésias teve uma filha, Manto, também dotada do mesmo dom, e que exerceu sua função em Delfos. Manto foi mãe do adivinho Mopso, o rival de Calcas. Tirésias pode ter morrido de fadiga ou velhice quando os tebanos, vencidos pelo exército dos Epígonos, tomaram o caminho do exílio, a seu conselho.

Em Ovídio (Metamorfoses III, 2003, p. 316-336) encontramos:

Acaso lembram Júpiter, alegre de néctar, as preocupações
Graves ter posto de lado e ter-se ocupado de relaxados jogos
Com Juno folgada, e ter dito: "vosso prazer é maior,
Sem dúvida, do que aquele que atinge os machos".
Ela nega. Resolveu que seja a sentença ao douto
Tirésias perguntar; para ele Vênus era conhecida pelos dois lados.
Porque, de duas grandes copulantes, na verde floresta,
Os corpos das serpentes ele violentara com um golpe de cajado.
De homem, admiravelmente, feito mulher, sete
Outonos passaram. No oitavo, novamente às mesmas
Viu e disse: "para que mude a sorte do autor no contrário,
Agora, do mesmo modo, que eu vos fira". Atingidas as mesmas cobras,
À forma primeira volta e chega ao seu aspecto de nascença.
Este, tomado como árbitro do jocoso litígio,

Confirma a fala de Júpiter. Juno, mais violenta do que o
necessário,
É levada não por ter sofrido pelo assunto, e do seu
Juiz condenou os olhos à noite eterna.
Mas o pai onipotente (pois não é lícito a nenhum deus fazer
nulos
Os feitos de outro deus), em lugar da luz tirada,
Concedeu a ele saber o futuro e lavou o castigo com essa honra.

Tirésias pode ser visto como a figura do Velho Sábio, expressão
do ser individuado: para tanto, precisou viver o tempo de sete
vidas. Esse aspecto de sua longevidade mostra o quanto é difícil
e complexo o caminho do encontro consigo mesmo. De outra
parte, a cegueira literal de Tirésias, associada à competência para
saber o futuro, antever os conflitos, bem como para descobrir
a verdade que se esconde nas tessituras das defesas reflete a
importância do buscar-se nas entranhas de si mesmo. O Velho
Sábio retrata, simbolicamente, o futuro de Édipo.

No fim dos tempos, entre as ruínas, vislumbra-se a mirrada
figura de um velho, exausto, rasgado pela mágoa, cego e sabedor
do futuro negro. Tirésias, sempre Tirésias. O velho adivinho
descendente do guerreiro dos dentes do dragão. Um homem
quase divino, o eterno das novas funestas. Interpretou o vôo
e a linguagem das aves; leu o presente e o passado; falou, sem
titubear, o que reservava o porvir. Foi homem, foi mulher, em
muitas formas e vidas. No futuro mítico, teremos um duplo
seu: Merlin, o mago. Julgou os desatinos dos próprios deuses.
Viveu sete vezes mais que qualquer humano, aclamou e sepultou
soberanos. E estava acabado.

A DESCOBERTA DA VERDADE: ÉDIPO ENCONTRA TIRÉSIAS

Édipo, no diálogo com seu próprio inconsciente, depara-se aos poucos com a presença do símbolo que não pode mais ser ignorado: os rumores sobre a morte de Laio, a ausência de testemunhas oculares, a maldição por ele proferida. Finalmente, o grande encontro consigo mesmo tão ansiado, tão doloroso, tão devastador:

> Acaba de chegar quem tudo nos vai descobrir! Trazem aqui o divino profeta, o único, entre todos os homens, que sabe desvendar a verdade! (Sófocles, 1999b, p. 145).

A entrada de Tirésias, velho, cego, guiado por um menino, conforme nos conta Sófocles, aguça o desejo de Édipo de ter tudo solucionado. Assim, dirige-se ao vidente e pede auxílio na solução do grande enigma, ressaltando que Apolo assim se declarara – *somente a verdade sobre quem assassinou Laio poderia libertar Tebas de seu flagelo.* O vidente, no entanto, está transtornado e emite um pensamento que mais confunde que esclarece: *Terrível coisa é a ciência, quando o saber se torna inútil!* E pede que seja eximido de tal tarefa: *Ordena que eu seja reconduzido a minha casa, ó rei. Se me atenderes, melhor será para ti, e para mim* (Sófocles, 1999b, p. 146).

Édipo se ofende com a recusa de Tirésias, mesmo quando este continua a alertá-lo sobre *não agir imprudentemente...* Édipo se inflama e, no fragor das falas, implora: *Pelos deuses! Visto que sabes, não nos ocultes a verdade! Todos nós, todos nós, de joelhos, te rogamos!* Mas o vidente cego mostra-se irredutível e Édipo tenta intimidá-lo: *Que dizes?!... Conhecendo a verdade, não falarás? Por acaso tens o intuito de nos trair, causando a perda da cidade?* (Sófocles, 1999b, p. 147).

O diálogo entre o Ego arrebatado e a humildade de quem muito sabe continua. Tirésias quer proteger Édipo da dor da verdade. O rei se irrita e injuria o vidente com acusações de quem se sente ameaçado pela verdade que se recusa a calar:

> Édipo:
> *Pois bem! Mesmo irritado, como estou, nada ocultarei do que penso! Sabe, pois, que, em minha opinião, tu foste cúmplice no crime, talvez tenhas sido o mandante, embora não o tendo cometido por tuas mãos. Se não fosses cego, a ti, somente, eu acusaria como autor do crime (Sófocles, 1999b, p. 148).*

Não tendo mais como fugir de sua missão de cego-vidente, Tirésias assume o comando do processo: de intimidado, intima; de subalterno, torna-se altivo; de acusado, faz-se acusador, contra-argumentando com o rei sem a piedade anterior:

> Tirésias:
> *Eu é que te ordeno que obedeças ao decreto que tu mesmo baixaste, e que, a partir deste momento, não dirijas a palavra a nenhum destes homens, nem a mim, porque o ímpio que está profanando a cidade és Tu! (Sófocles, 1999b, p. 148).*

Tal como Apolo, Tirésias não fala tudo. Édipo sente o terreno fugir-lhe. Acusa o adivinho, acusa Creonte, chega a ponto de querê-lo morto. Vê a conspiração e o golpe de Estado por toda a parte. Não lhe interessam sequer a culpa ou a justiça. Só a cegueira do mando. Todo o obstáculo é subversão, toda a oposição deve ser abatida. Do demagogo, passamos ao déspota. Mesmo quando o tio-cunhado demonstra-lhe como o poder é vão para quem o possui, como é vão o prestígio ou a influência, Édipo sente a ameaça:

> Se alguém trama, na sombra, contra mim, rápido, também eu devo tomar providências rápidas, porque, em ficando quieto e tranqüilo, só contribuirei para que esse tal leve a bom termo o seu plano e eu ter-me-ei enganado e perdido (Sófocles, 1999b, p. 149).

A verdade que Édipo sempre soube, mas da qual não tinha consciência, começará a emergir como revelação epifânica. O impacto causado, de um só golpe, destruirá o sonho de uma vida. De início, sentira-se invejado por Creonte e por todos quantos o cercavam. Sua vida fora consagrada à ciência, à política, à arte de bem governar. Depois do sentimento de sentir-se invejado por suas competências, vem a pujante dor de sentir-se traído: o cunhado queria usurpar-lhe o trono e, para tanto, teria subornado o velho Tirésias.

Inflado pelo *logos*, questiona-se: por que quando a Esfinge propôs seus enigmas, Tirésias não livrou a cidade da maldição? Foi necessário que ele, qual messias salvador, surgisse para impor à monstruosidade a solução nascida do mais puro raciocínio; nada de falas oraculares, nada de profecias ou adivinhações. O Corifeu o alerta para o fato de suas palavras terem sido inspiradas pela cólera e o adverte de ser esse momento não propício para julgar debates, mas sim para dar cumprimento ao oráculo de Apolo.

Podemos inferir, da leitura simbólica desse texto de Sófocles, o quanto Édipo pode ser entendido como uma tipologia com as características apolíneas, ou seja, um INTJ, um introvertido intuitivo, com função pensamento extrovertido e com conduta julgadora. Os julgadores, como Édipo:

Acreditam que a vida deveria ser orientada e decidida; gostam de ter as coisas arrumadas. Dispõem das coisas e chegam a conclusões o tempo todo. Os julgadores mais marcantes tentam estabelecer até o que o outro deve pensar; os menos marcantes pensam isso, mas não externam. O ditado "uma má decisão é melhor do que nenhuma" faz sentido para o julgador. Se lhes faltar percepção, serão rígidos, diretos e incapazes de ver outro ponto de vista que não o seu (preconceito). Os dons do julgamento incluem: fazer as coisas sistematicamente como julgou ser a melhor forma (por métodos lógicos ou prazerosos e convenientes); ordem nos pertences; vida planejada; esforço sustentado com uso da força de vontade para conquistas; decisão (nem todos gostam de tomá-las); prazer em aconselhar; opinião formada sobre o que acham útil; aceitação da rotina (não para os intuitivos).

As pessoas de tipologia **INTJ** são consideradas as mais independentes dos demais tipos, embora nem todos tenham o mesmo orgulho consciente dessa independência. São sempre inovadores. A intuição lhes dá imaginação e o pensamento extrovertido lhes dá a faculdade crítica de organização. Precisam sempre de novos empreendimentos com problemas melhores e mais difíceis, para testar suas qualidades. Essa combinação faz com que anseiem pela aplicação prática de suas idéias. Tendem a ignorar os pontos de vista e os sentimentos das outras pessoas, o que pode ser desintegrador em sua vida privada. São exigentes quanto à competência própria e alheia, e odeiam confusão e ineficiência (Baptista, 2007, p. 29).

Édipo, em função da regência apolínea em sua consciência, age de forma organizada, com planejamentos e guiado pelo pensamento lógico e racional. No campo afetivo é inseguro.

Busca a condição de perfeição humanamente inatingível, o que o torna pessoa muito insatisfeita, ansiosa, com comportamentos obsessivo-compulsivos. Fará cumprir a lei e a ordem em detrimento das próprias demandas, ou por não considerar as demandas dos outros envolvidos na situação. Quando tomado por sentimentos (função inferior), torna-se fragilizado, mostra-se ameaçado, perseguido, rejeitado, emocionalmente imaturo, e muito vingativo diante de frustrações.

Depois de longa altercação com Creonte, Jocasta intervém, tentando aliviar o sofrimento do marido (filho):

Jocasta:
Ora, não te preocupes com o que dizes; ouve-me, e fica sabendo que nenhum mortal pode devassar o futuro. Vou dar-te já a prova do que afirmo. Um oráculo outrora foi enviado a Laio, não posso dizer se por Apolo em pessoa, mas por seus sacerdotes, talvez... O destino do rei seria o de morrer vítima do filho que nascesse de nosso casamento. No entanto, - todo o mundo sabe e garante, - Laio pereceu assassinado por salteadores estrangeiros, numa encruzilhada de três caminhos. Quanto ao filho que tivemos, muitos anos antes, Laio amarrou-lhe as articulações dos pés, e ordenou que mãos estranhas o precipitassem numa montanha inacessível. Nessa ocasião, Apolo deixou de realizar o que predisse!... Nem o filho de Laio matou o pai, nem Laio veio a morrer vítima de um filho, morte horrenda, cuja perspectiva tanto o apavorava! Eis aí como as coisas se passam, conforme as profecias oraculares! Não te aflijas, pois; o que o deus julga que deve anunciar, ele revela pessoalmente! (Sófocles, 1999b, p. 152).

Édipo, no entanto, mais angustiado fica com os fatos cada vez mais se coagulando em direção à revelação insólita. Por outro lado, mais quer saber; inquire sobre o local do assassinato, há quanto tempo deu-se o ocorrido, quais os sinais físicos de Laio, e o desespero!

Ó Zeus! Que quiseste fazer de mim?... Estou aterrado pela suposição de que o adivinho tenha acertado... (Sófocles, 1999b, p. 153).

Édipo quer saber dos acompanhantes e descobre que há uma testemunha, um servo.

Édipo:
E vive ainda no palácio, esse homem?
Jocasta:
*Não. Quando voltou a Tebas, e **viu que tu exercias o poder real, em substituição ao falecido rei Laio, ele me pediu, encarecidamente, que o mandasse para o campo, a pastorear os rebanhos, para que se visse o mais possível longe da cidade.** E eu atendi a esse pedido, pois na verdade, mesmo sendo ele um escravo, merecia ainda maior recompensa. (Sófocles, 1999b, p. 189).*

Por que o servo, ao ver Édipo na condição de rei de Tebas, pediu *encarecidamente, que o mandasse para o campo, a pastorear os rebanhos, para que se visse o mais possível longe da cidade?* Certamente que o reconheceu como o assassino de Laio. No entanto, o medo de ser castigado, seja porque mentira, seja por ter covardemente fugido dos deveres de defender seu rei, o remorso talvez, não sabemos, o levara a continuar fugindo, fugindo do confronto. O pedido era para ficar longe, o mais longe possível – para não ver, para não ser visto.

Édipo simbolicamente não **vê** e também não **ouve** e, talvez por isso, não atente para as filigranas do pedido do servo. Interessante essa realidade, pois tanto Édipo quanto o servo, apesar da imensa diferença sociocultural e do senso do entendimento do mundo, psiquicamente funcionam com mecanismos de defesa similares. Édipo é um cultor do logos, porém, diante das dificuldades, foge, exime-se do confronto; servira-se desse comportamento ao longo dos anos. A mudança de Édipo somente ocorrerá quando a própria trama de suas evasivas acabar por enredá-lo. Édipo sabia ser a revelação inevitável.

Édipo:
Seria possível trazê-lo imediatamente ao palácio?
Jocasta:
Certamente. Mas... Para que chamá-lo?
Édipo:
É que eu receio, senhora, já ter descoberto muita coisa do que ele me vai dizer. Pois ele virá. Mas também eu tenho o direito de saber, creio eu, o que tanto te inquieta. Não te recusarei essa revelação, visto que estou reduzido a uma última esperança. A quem poderia eu, com mais confiança, fazer uma confidência de tal natureza, na situação em que me encontro? (Sófocles, 1999b, p. 160).

Após doloroso silêncio, Édipo prossegue em tom de confidência sobre sua suposta origem, seu pai Polibio, de Corinto, e sua mãe, Mérope, uma dória. Diz ter sido considerado um dos mais notáveis cidadãos de Corinto, quando, em um incidente fortuito, um homem embriagado insultou-o, dizendo ser ele um filho enjeitado. Conteve-se, apesar da raiva justa, e procurou os pais. Eles mostraram-se irritados com as ofensas e negaram tudo. E Édipo se agradou. Todavia, continua, à revelia da mãe e do pai, foi ao templo de Delfos. Mas Apolo nada respondeu às suas questões, limitando-se a anunciar-lhe uma série de desgraças: estava fadado a unir-se em casamento com sua própria mãe, apresentaria aos homens uma prole maldita, e seria o assassino de seu pai.

Conta, então, que diante de tal profecia resolveu exilar-se para sempre da terra coríntia e viver em um lugar onde essas torpezas nunca se pudessem realizar. Mas, eis que, caminhando, chega ao lugar onde Jocasta refere o rei havia perecido. Surgiu um arauto e, logo após, um carro tirado por uma parelha de cavalos, e nele um homem tal como lhe descreveram. Édipo se emociona quando conta como fora violentamente atirado para fora da estrada. E, tomado pela raiva justa, prossegue Édipo, ergueu o bordão e o matou.

Édipo se sente tomado pelo desespero e vaticina para si mesmo o quanto será odiado pelos deuses. Não poderá receber em sua casa nem dirigir a palavra a nenhum. Será repelido por todos. E, o pior, com suas mãos macularia a esposa do morto. É forçoso, pois, que se exile, e nunca mais volte à sua pátria, nem possa ver os que lhe são caros, visto estar fadado a unir-se à própria mãe e matar seu pai Pólibo (Sófocles, 1999).

Édipo reluta em atentar para a realidade maldita que é, pois, quando o mensageiro vindo de Corinto anuncia a morte de Políbio e o desejo dos cidadãos de que ele assuma o reino. Ao ver Jocasta exultante diante da possibilidade de estar livre da primeira parte da profecia apolínea, faz coro com a alegria da esposa, talvez em um de seus últimos momentos de racionalização defensiva.

Édipo:
Ora eis aí, minha mulher! Para que, pois, dar tanta atenção ao solar de Delfos, e aos gritos das aves no ar? Conforme o oráculo, eu devia matar meu pai; ei-lo já morto, e sepultado, estando eu aqui, sem ter sequer tocado numa espada... A não ser que ele tenha morrido de desgosto, por minha ausência... Caso único em que eu seria o causador de sua morte! Morrendo, levou Políbio consigo o prestígio dos oráculos; sim! os oráculos já não têm valor algum! (Sófocles, 1999b, p. 156).

A ambivalência entre crer e duvidar, entregar-se e fugir o faz lembrar-se do segundo momento da profecia.

Édipo:
Mas... Não deverei recear o leito de minha mãe?

Jocasta:
De que serve afligir-se em meio de terrores, se o homem vive à lei do acaso, e se nada pode prever ou pressentir! O mais acertado é abandonar-se ao destino. A idéia de que profanarás o leito de tua mãe te aflige; mas tem havido quem tal faça em sonhos... O único meio de conseguir a tranqüilidade de espírito consiste em não dar importância a tais temores (Sófocles, 1999b, p. 156).

O mensageiro quer saber quem é a mulher que atemoriza Édipo. É Mérope, a rainha de Corinto, responde, e complementa: Apolo disse um dia que eu me casaria com minha própria mãe, e derramaria o sangue de meu pai.

Tentando apaziguá-lo, o mensageiro informa a Édipo que ele não sabe o que faz, pois não tem nenhum parentesco com Políbio ou Mérope. *Que dizes? Políbio não era meu pai? E por que me considerava seu filho?* O mensageiro segue esclarecendo que fora ele próprio que o recebeu de um pastor, um servo, e o passou às mãos dos reis de Corinto, que não tinham filhos e fora o salvador dele: *As articulações de teus pés poderiam dar a prova disso. Eu te desamarrei; tu tinhas as extremidades dos pés furadas. Daí proveio o nome que te demos.* Édipo quer saber quem determinou tais coisas e o mensageiro responde que um antigo servo de Laio poderia informá-lo melhor, pois permanece, até hoje, como pastor do reino de Tebas. Incontinente, Édipo intima que o servo se apresente, já que ainda vive na cidade.

Nesse momento, Jocasta, já sabedora de que as profecias se cumpriram, tenta dissuadir Édipo de suas buscas, como se agora fosse possível. Todavia, a obsessão de saber-se o obriga a continuar. Jocasta suplica, implora: *Se tens amor a tua vida, abandona essa preocupação. Não insistas nessa indagação!* Jocasta já sabe o bastante e se retira, em silêncio, para não mais voltar. Édipo, irredutível, intima a vinda do antigo pastor, prontamente reconhecido pelo mensageiro. Os dois se defrontam. O pastor, estupefato com o encontro, instado a confirmar o relato do mensageiro, teme por sua própria vida. Édipo está enfurecido e quer a verdade a qualquer preço; faz ameaças, vocifera, quer a verdade!

Édipo:
Quem é a criança de quem o mensageiro fala, quem a recebeste? Era tua? Foi-te entregue por alguém? Era um escravo?

E, o servo revela: diziam que era filho do próprio rei Laio e aquela que está no interior de tua casa, tua esposa, é quem melhor poderá dizer a verdade. Foi ela quem me entregou a criança para que eu a deixasse morrer, temendo a realização de oráculos terríveis que diziam que aquele menino deveria matar seu pai, assim diziam...

Édipo:
Oh! Ai de mim! Tudo está claro! Ó luz, que eu te veja pela derradeira vez! Todos sabem: tudo me era interdito: ser filho de quem sou, casar-me com quem me casei e eu matei aquele a quem eu não poderia matar!

O coro lamenta a descoberta e proclama:

Só o tempo, que tudo vê, logrou, enfim, ao cabo de tantos anos, condenar esse himeneu abominável, que fez de ti pai, com aquela de quem eras filho! Filho de Laio, prouvera aos deuses que nunca te houvéramos visto! Condoído, eu choro tua desgraça, com lamentações da mais sincera dor! No entanto, para dizer-te a verdade, foi graças a ti que um dia pudemos respirar tranqüilos e dormir em paz!

Cumpria-se o fado. A luz era demasiada para quem finalmente via. E via o que não quisera ver por tanto tempo, mas já sabia. O mal que o assolava era da maior gravidade e o castigo absolutamente insuportável. O Édipo que via e sabia passou a não ver mais: cegar para não ver. Tinha, por fim, desvendado o enigma da esfinge: conhecera-se a si próprio, apesar do interdito do frontão de Delfos:

gnothi s´autón, medèn ágan

E, consigo, o enigma silencioso que o perseguia: a razão do sorriso misterioso da esfinge. Ela afinal ganhara.

No final do texto de Sófocles, o personagem Creonte alertava:

Não procures o domínio - ξρατειν - sobre todas as coisas;
o domínio que tu tinhas rompeu-se antes do fim.

GNÔTHI S´AUTÓN, MEDÈN ÁGAN [5]

A interdição para o conhecer-se em demasia está presente em muitas míticas, como a grega, a judaica, a nórdica e outras. A ultrapassagem do metron, a *hybris*, ou seja, a desobediência ao interdito, é castigada com a perda da imortalidade e expulsão do Paraíso. Todavia, a ultrapassagem do interdito é a condição que confere humanidade, pois somente ela dá ao homem a condição de saber-se humano. Humanidade e mortalidade dão a cada um de nós competência para atualizarmos mudanças, ou seja, tornarmo-nos seres humanos em contínua e constante transformação, confirmando a sentença do I Ching: *a única constante do Universo é a mutação*.

O processo de individuação, sendo uma realidade *contra natura*, como afirma Jung, implica sair da acomodação, deixar o lugar que se tornou estreito, romper com o estatuído, trair o preestabelecido, para saber-se na imparidade. O conhecer-se a si-mesmo e a aquisição do conhecimento do mundo conferem competência para alcançar revelações nunca antes imaginadas, ter o *poder* de modificar o ritmo da natureza.

---

[5] "Conhece-te a ti mesmo, mas não em demasia". Suposto dístico do frontão de Delfos, e de autoria de Sócrates, pois o mesmo preconizava que tudo em demasia tornava-se pernicioso.

Na mítica judaica, a aquisição do conhecimento representou a transgressão ao interdito – comer o fruto da Árvore do Conhecimento. A transgressão, chamada pecado original e considerada expressão da *hybris*, tornou os seres humanos malditos diante da divindade. O fruto da Árvore do Conhecimento conferia ao homem a condição de saber-se com ambas as polaridades no campo da consciência, conhecendo o bem e o mal e tornando-se *como deuses*.

16. E ordenou o Senhor Deus ao homem, dizendo: De toda a árvore do jardim comerás livremente, 17. Mas da árvore do conhecimento do bem e do mal, dela não comerás; porque no dia em que dela comeres, certamente morrerás. 22. O Senhor Deus disse: Eis que o homem, quanto ao conhecimento do bem e do mal, se tornou como um de nós. Agora é preciso que ele não estenda a mão para se apoderar também do fruto da árvore da Vida e, comendo dele, viva para sempre (Bíblia on-line, Gênesis 3:16).

O impedimento para comer o fruto da Árvore do Conhecimento, decretado pelo divino, pode ser lido como uma condição protetora ao Ego ainda não suficientemente estruturado para abarcar as incontáveis polaridades emergentes com as revelações trazidas pelo *conhecer*; o *Self* (Jeovah – Deus) gera as defesas protetoras para o Ego nascituro. Até então, a condição do não comer significava preservar a integridade do núcleo emergente da individualidade. A demanda pelo novo, entretanto, reclama por espaço: o **Fazer** entra em cena, ou seja, o **Verbo** assume o comando, e o humano passa a traduzir-se como **Ação**. A consciência emergente premida pela dinâmica do fazer encanta-se com sua capacidade: transformar a matéria, dominar o outro, conseguir o que o outro tem e que o eu deseja.

O Ego nascituro não suporta, todavia, a responsabilidade intrínseca pelo fazer, nem compreende a condição de o outro também ter desejos, nem tem noção do que é ser livre. *O Saber que Faz* torna o Ego responsável pela ação. Somos o que fazemos e, se não pudermos assumir ser o que fazemos, passamos a fazer sem saber quem somos e o que somos.

O homem-ego, tendo comido o fruto proibido, envergonhou-se de si, de sua nudez, de seus medos, covardias, mentiras, inconseqüências, desejos. Ao ousar comer do fruto da Árvore do Conhecimento, passou a conhecer o bem e o mal, com o que incontáveis polaridades simbólicas emergiram para o campo da consciência. O Ego, por não suportar a demanda trazida pela emergência dos símbolos carregados de energia causticante, confusionante, viu-se alienado pelas defesas protetoras de caráter dissociativo.

O homem-ego envergonhou-se, sentimento próprio de quem tem consciência de si; sentiu-se culpado pela desobediência e afastou-se de Deus. Sentiu-se então expulso ou fez-se expulso do Paraíso, tornando-se o herói cumpridor de tarefas, centrado na lei e na ordem. A dinâmica patriarcal instaurou-se, requerendo para se estabelecer: trabalho, esforço, dever, honra, atividades, realidades impostas aos homens e mulheres como castigo à transgressão, conforme o enunciado bíblico:

16. E à mulher disse: Multiplicarei grandemente a tua dor, e a tua conceição; com dor darás à luz filhos; e o teu desejo será para o teu marido, e ele te dominará. 17. E a Adão disse: Porquanto deste ouvidos à voz de tua mulher, e comeste da árvore de que te ordenei, dizendo: Não comerás dela, maldita é a terra por causa de ti; com dor comerás dela todos os dias da tua vida. 18. Espinhos, e cardos também, te produzirá; e comerás a erva do campo. 19. No suor do teu rosto comerás o teu pão, até que te

tornes à terra; porque dela foste tomado; porquanto és pó e em pó te tornarás. 20. E chamou Adão o nome de sua mulher Eva; porquanto era a mãe de todos os viventes. 21. E fez o Senhor Deus a Adão e à sua mulher túnicas de peles, e os vestiu. 22. Então disse o Senhor Deus: Eis que o homem é como um de nós, sabendo o bem e o mal; ora, para que não estenda a sua mão, e tome também da árvore da vida, e coma e viva eternamente, 23. O Senhor Deus, pois, o lançou fora do jardim do Éden, para lavrar a terra de que fora tomado. 24. E havendo lançado fora o homem, pôs querubins ao oriente do jardim do Éden, e uma espada inflamada que andava ao redor, para guardar o caminho da árvore da vida (Bíblia on-line, Gênesis: 3;16 a 24).

O Bem e o Mal, com seus incontáveis significados e polaridades, passaram a ser insuportáveis como realidades da própria identidade e, dessa forma, somente conseguiram habitar a consciência com uma das polaridades, e a outra projetada. Cria-se, nesse momento, o demônio ou diabo: diabo ou *diábolos* – aquele que separa as polaridades. Ao homem competia ficar com o dever, com o limite, com o comedimento, uma vez que servir a Deus implicaria cumprir a Lei, e servir ao Demônio, à Serpente, implicaria necessariamente estar na *hybris*, no descomedimento.

Enquanto no Paraíso, o homem viveu sob ordens e limites impostos, não questionados. Simplesmente existem e são obedecidos porque sempre foi assim. O Paraíso é o reino do Pai e da Mãe Divinos. A Grande Mãe Terra, de onde tudo emerge, é a própria Deusa. O mesmo Deus que define o limite do que pode e do que não pode, ao mesmo tempo insufla no homem a *alma*, fenômeno traduzido como o *desejo de transgredir* (Bonder, 1998, p. 15). A emergência do herói conquistador leva à ultrapassagem do *metron*, do limite da lei do Pai e da Mãe. O herói passa a desejar mais do que o Paraíso lhe dá por direito preestabelecido. O herói conquistador contesta a autoridade do Pai e da Mãe, aventura-se para além dos limites da tribo e institui-se como responsável por si mesmo.

Quando o fruto da Árvore do Conhecimento foi saboreado, as oposições entraram abruptamente em cena. O mito diz que o próprio Deus se manifestou, apontando para a realidade que dizia que o homem, ao provar da Árvore do Conhecimento, agia como quem não soubesse que o fogo queimava, que ainda não conseguiria saber como haveria de ser nessa nova forma, nessa nova dinâmica. Deveria, para tanto, guardar-se do inédito e do insólito, experimentando-os aos poucos, em doses homeopáticas, e dessa forma somente o Eu poderia estruturar-se de forma paulatina na nova dimensão.

O desafio proposto pela nova dinâmica, pelo conhecimento que entrava em cena, implicaria conseguir a convivência com as antinomias da Vida e do Verbo, do Conhecimento e da Ação, do Prazer e do cumprimento da Tarefa.

A mítica dos primeiros tempos, ao retratar que o Conhecer tanto quanto a Vida faziam-se pela incorporação literal do outro, do comer o outro, trouxe o desafio: como comer o outro sem destruí-lo?

O comer o fruto da árvore do Conhecimento faz o humano acordar para a realidade de ser depositário da centelha divina e competente para gerar alguém à própria imagem e semelhança. Para gerar e manter a espécie, condição implícita em seu código genético, precisa, literal e simbolicamente, do outro.

Tornar-se humano é tornar-se responsável por tudo quanto faz. O acordar para a realidade faz o *Um* cônscio do desejar o que o *Outro*, diferente de si, tem e o Um não tem e, portanto, cônscio da própria inveja. O desejo de ter o Outro representa a possibilidade simbólica de o homem tornar-se o que nasceu para ser: o desejo de ter o outro configura condição de recuperar-se a si mesmo. Assim, para ter-se, via outro, precisa incorporá-lo por devoramento simbólico ou por morte literal.

Por outro lado, matar – por assassinato – é atentar contra a divindade: a Vida é soberana, e esse *conhecimento* o homem já havia adquirido quando provou da Árvore da Vida. Assassinar é atentar contra a realidade intrínseca do que lhe foi fornecido pela Árvore da Vida.

Como conviver com realidades sincrônicas conferidas pelas Árvores da Vida e do Conhecimento sem ofender a divindade, sem passar pelo enlouquecimento (ánoia) desencadeado pelas demandas decorrentes dessas realidades conferidas por ambas as Árvores?

Como ter o outro que reintegra o Eu ao si mesmo, conferindo inteireza ao ser, sem matá-lo literalmente?

Como satisfazer o desejo da Árvore do Conhecimento?

A mítica e a filosofia gregas, retratadas na proposição do oráculo de Delfos, anunciam: *Gnothi s'autón, medèn ágan* – conhece-te a ti mesmo, mas não em demasia. O conhecimento em excesso é considerado descomedimento, sujeito, pois, a castigos divinos. A interdição à *hybris*, configurada pelo excesso do conhecimento, parece similar à interdição havida no mito de Criação Judaico.

Qual a razão dessa interdição?

Que sabedoria primordial traz esse alerta para os perigos dos descomedimentos, principalmente os referentes ao conhecimento de si próprio?

Seria o conhecimento mais profundo de si-mesmo expressão da *hybris* por levar o homem à loucura?

O conhecimento, quando dissociado da ética e usado em função do proveito pessoal, retrata, certamente, a dissociação. O domínio da consciência, consciência que faz humanidade e nos torna seres humanos, consciência, portanto, com característica reflexiva, traduz a realidade fenomênica do transpor a instância do ver e fazer para a instância do conhecer e saber-se fazendo.

A tarefa da Psicologia, hoje, tarefa do processo analítico, implica estabelecer com o outro uma relação de *coniunctio* simbólica, com vistas à consecução do maior de todos os desafios: trabalhar com o outro para conseguir chegar ao conhecer-se a si-mesmo, ultrapassando todas as medidas, suportando as piores dores dos partos simbólicos, ganhando o pão com o suor do próprio rosto, cultivando a terra que se recusará a produzir alimentos. O atual desafio da Psicologia é concorrer para sair da dissociação e atentar para a realidade simbólica de não se ter mais acesso à Árvore da Vida, constatando: somos mortais, eternamente mortais, criando o novo, renascendo como seres diferentes, após cada morte simbólica.

A aquisição da consciência reflexiva faz-se com a concomitância da perda da imortalidade. A competência para escolher seu próprio caminho, seu destino, seus amores, decreta a perda do Paraíso. A consciência reflexiva confere a compreensão de que tudo que é eterno torna-se estreito. O próprio útero nos expulsa para que possamos ser.

Na mítica nórdica, quando Brunhilde ouve a apologia de Sigmund sobre a importância de ser livre para decidir, livre para escolher sua amada, encanta tanto a Valquíria que a deusa vê-se na demanda por proteger o herói transgressor. Wotan decreta, porém, sua morte e castiga a filha Brunhilde pela desobediência. A jovem confronta o pai dizendo não ser sua atitude simplesmente desobediência aos seus preceitos, mas sim a descoberta de existir uma forma diferente de ser e agir – escolher e ser livre. Wotan condena Brunhilde com a perda da imortalidade (Franchini e Segafredo, 2004, p. 215-234).

A aquisição de uma nova consciência decreta a morte do que somos e fomos. Não há mais como sermos imortais. Ser imortal implicaria ser imutável, eterno. A nova consciência traduz o homem como um ser em transformação contínua e constante. Nós nos descobrimos mutantes e, ao cumprirmos nossa função genética, damos origem a seres à nossa imagem e semelhança, ou seja, *transmitimos a transformação*. A tarefa da Psicologia hoje será descobrir, junto com o outro, sermos continuamente mutantes, e o religare far-se-á com o Deus da eterna transformação.

Esse conflito só será resolvido pela vivência simbólica. A elaboração da consciência com a vivência simbólica do mundo, ou seja, a condição de incluir o outro como realidade do centro da consciência demandará séculos para fazer-se atualidade. O homem somente se saberá como humano se o for na relação e na interação com o outro, forjando-se na interdependência com o outro e pelo outro. O conhecer, como fruto proibido, ao ser comido, gerou conflitos e angústias. Enquanto os humanos ocuparam-se de elaborar o outro como realidade simbólica, exerceram-se continuamente na consecução de Códigos, Normas e Leis que os impediram de devorar literalmente o outro, foram preservados de não cometer o maior de todos os crimes da dinâmica matriarcal, qual seja, matar o outro.

A estruturação dos Códigos preserva o homem do crime contra a natureza e estabelece uma dinâmica própria de caráter discriminado entre o viável e o não-viável, entre o permitido e o proibido, realidade essa nem sempre em consonância com o que se desejava e o que não se desejava.

Como ter o outro reintegrando o Eu ao si mesmo, conferindo inteireza ao ser, sem matar o outro literalmente?

O acordar da consciência traz junto o despertar do desejo de o humano saber-se: o desejo o faz olhar para o outro. A questão de saber quem é o outro possível e viável e recompor a unidade primal do ser humano equaciona-se pela discriminação dos limites. O adentrar na dinâmica patriarcal, regendo-se por ela, faz o humano acordar para a compreensão do significado do crime na dinâmica da Mãe: crime maior é matar o consangüíneo *(personae sanguine coniunctae)*.

E os homens nunca mais poderão livrar-se da consciência conferida pela Árvore da Vida, pois a preservação da Vida dentro da tribo passa a ser atributo inalienável da dinâmica do

Pai, dinâmica da Lei e da Ordem. Dessa forma, o outro viável e possível estará depositado fora da tribo. Matar fora da tribo, além de permitido, transforma-se em conduta protetora aos seus, pelos quais passa a ser responsável.

RITO INICIÁTICO E DESENVOLVIMENTO DO LOGOS ESPIRITUAL

Até o momento em que Édipo esteve lutando pelo poder, ele o fez pelo logos, como se fosse tão-somente um herói patriarcal. Ele luta do mesmo modo que todos lutaram. Quando abdica do poder e opta pelo conhecer-se, compreendendo, portanto, os chamados do *Self*, anunciados em muitos momentos de sua vida, Édipo muda a dinâmica de sua trajetória heróica. Como personagem mítico, expressão do ser humano, retrata o mais completo mito de um processo de individuação. Torna-se, assim, um herói da dinâmica do Coração.

Creonte envia Édipo para o exílio, com o consentimento dos filhos varões e para o alívio do povo, liberados de maldição e dispondo de uma nova ordem. Édipo vai, acompanhado por sua filha Antígona, imagem simbólica da *anima*, que o conduz até Colono, ao bosque das Eumênides. Nosso herói pede para ser recebido pelo rei de Atenas, o célebre e preclaro Teseu. Na morte como na vida, o filho de Laio colhia os tributos do poder e da sabedoria, dons preciosos dos reis e dos deuses.

Édipo era um desses raros seres que, no infortúnio e na ventura extremas, descobrem terem sido escolhidos pela mão de um deus. Ele, que ao longo dos tempos, explicitou a arrogância de anunciar-se e entender-se como o mentor de si mesmo, como se dispensasse a proteção divina, haveria de descobrir-se como *escolhido*.

Édipo, tido como o herói sem proteção divina, descobriu-se, finalmente, como um abençoado, escolhido: de arrogante, fez-se humilde; de sabedor e decifrador de enigmas, fez-se um questionador de si mesmo; de perdido de si, encontrou-se. Ao cegar-se, tornou-se vidente; abdicou do poder do mundo para recuperar o poder sobre si próprio.

Ao chegar ao bosque das Eumênides – as bem-aventuranças – decreta ser ali o local de seu túmulo. Entrega-se de corpo e alma às antigas deusas da vingança, tornadas protetoras e dispensadoras de benesses. Estava terminada a condição de ser e viver como um maldito: podia, finalmente, como um bendito, redimido, reintegrado à Grande Mãe, retornar à Terra e usufruir do aconchego da Deusa.

De nada valeriam a insistência e a pressão de Creonte, procurando tirar partido de uma presença favorável à sua causa, mesmo que tal presença fosse um cadáver. Sabedor do oráculo que santificaria o local da morte do banido, apressava-se a forçar o retorno de Édipo, mesmo tendo de ameaçar a vida de suas filhas Antígona e Ísmene. Teseu veio em socorro do herói e de suas filhas. Polínices pede as bênçãos do pai para uma campanha contra seu irmão, Etéocles, rei de Tebas, sob a tutela parda de Creonte. Todavia, apesar dos lamentos e súplicas, Polínices também não será bem-sucedido em seus intentos.

Édipo entrara em outro ciclo da sua existência. O mundo nada mais lhe dizia. Na companhia de Teseu, adentra o bosque, pedindo, antes, ao rei não revelar a ninguém o local de seu túmulo. O céu azul, muito azul e luminoso, abre-se em clarões; nuvens se formam, raios e trovões expressam as forças da natureza. Édipo é envolvido por magia e mistério, como que ascendendo aos céus. Na realidade, o Hades o aguardava para recebê-lo no seu maternal seio. Somente Teseu conhece esse prodigioso local. A Terra se abre em imensa cratera e Édipo é tragado. Ouvem-se cânticos.

Édipo se fora!

Terminados os funerais do monarca cego, as duas princesas, conduzidas pela escolta real do previdente Teseu, retomam o caminho de casa. Mas esta é outra história.

REFLEXÕES FINAIS

A mítica descreveu Édipo como um maldito. Antes mesmo de nascer, o mito já o destinava a matar o pai. Laio, seu pai, foi alertado previamente pelo oráculo, o qual lhe sugeria não se casar e, se o fizesse, não ter filhos.

Quando Édipo consultou o oráculo para saber se era um filho adotivo, recebeu, por sua vez, o vaticínio de estar destinado a matar seu pai e casar-se com sua própria mãe. Certamente, nosso herói, ao ouvir a mensagem oracular, deve tê-la repudiado por completo, porque a entendeu de forma literal. Todavia, se estava destinado a cumprir um destino maldito, apesar de aparentemente não desejá-lo, como entender que deva passar por essa saga?

Édipo já teria vindo com as *escolhas* prontas?

O cumprir a *maldição* seria um destino provável ou inexorável?

Como entender o cumprimento das *maldições* como realidade simbólica?

As cargas malditas, cargas *harmáticas*, seriam como a maldição das doenças transmitidas como uma predisposição constitucional ou seriam como as doenças geneticamente transmitidas?

A leitura do mito pelo enfoque patriarcal implica uma linearidade processual, com o que reduz a reflexão tão-somente à condição causa-efeito. A mítica, ainda eivada em seus pressupostos de catástrofes inevitáveis, ignora totalmente a liberdade de *escolha*. A fatalidade é o destino do homem. A Moira rege a vida dos humanos e explicita-se como a medida de todas as coisas.

A mítica explica o fenômeno como sendo decorrente de crimes contra a natureza, cometidos por seus ancestrais, e que, em sendo herdeiro das máculas, herda também a predisposição para cometer outras ofensas.

Hoje sabemos que nossas predisposições não significam absolutamente atualizar determinadas patologias decorrentes dessas condições herdadas. Tudo dependerá de como equacionarmos nossos conflitos. Esses conflitos, no mais das vezes, quando não resolvidos, significam entender-se como *malditos*, ou seja, crer-se necessariamente destinados a atualizar a patologia. O caminho da doença parece em tudo similar ao caminho seguido pelos *malditos* da mítica.

Podemos, todavia, fazer uma leitura do fenômeno, encarando-o pela consígnia da sincronicidade. Essa leitura conduzirá a um processo reflexivo que remeterá a uma conclusão de caráter teleológico. Diante dessa condição haveremos de perguntar:

Qual o sentido da maldição: matar o pai e casar-se com a mãe? Qual a razão desse fenômeno estar ocorrendo hoje, aqui, agora?

A que serve e a que se destina o processo?

Se pudéssemos retomar o suposto diálogo do oráculo com o nosso herói, ouviríamos Édipo protestando ou maldizendo ou mesmo lamentando seu destino.

Édipo:

- Eu não quero! Como vou matar meu pai e casar-me com minha própria mãe?

Oráculo:
- *A questão não é querer ou não querer, escolher ou não escolher. Você já fez a escolha, ela já aconteceu! A questão a ser respondida realmente é:*
- *A que serve viver esta escolha?*
- *A que se destina?*
- *Qual o propósito de tê-la feito?*

Quando o fenômeno é lido pelo referencial patriarcal, Édipo é tão-somente uma vítima. Porém, se a leitura fizer-se pelo referencial da sincronicidade, constata-se que há um propósito; se ele existe, poderemos supor Édipo como um *escolhido*! Se ele souber o que significa *matar o pai e casar-se com a mãe*, poderá certamente mudar o futuro provável. A compreensão lhe dará a condição de deixar de ser vítima para assumir-se realmente como o escolhido.

O que significa matar o pai?

Será matá-lo como paradigma?

Será deixar de ser um projeto do outro para tornar-se o seu próprio referencial?

Será deixar a lei e a herança do pai e tornar-se o herdeiro de suas próprias realizações, de suas próprias escolhas?

Para tanto, o filho deixará de ser filho para tornar-se pai e o pai deixará de ser pai para tornar-se filho.

A compreensão muda o destino!

Fugir, como o mito conta que Édipo tentou, significa não integrar, não se transformar. Somente quando o herói optou pelo cegamento, quando abdicou do poder de reinar sobre o outro para tornar-se senhor de si mesmo, pôde caminhar pela reflexão elucidativa, para o caminho da luminosidade de saber-se pela sabedoria de Sofia. Pelas mãos da filha – irmã – *anima* vislumbrou seu destino final – tornar-se o *Oráculo*.

Para atingir essa condição, Édipo precisa saber-se, torna-se imperioso descobrir sua natureza mais profunda, significa descobrir-se na esfinge e, finalmente, integrar sua sombra. Pelo cegamento, abdica do poder literal para buscar o poder sobre si mesmo; propõe-se, assim, à grande tarefa de descobrir seu nome secreto, natureza profunda de si mesmo.

Assim, casar-se com a mãe, por sua vez, implicaria integrar a natureza do feminino, da Grande Mãe em si mesmo, como deveria ou poderia tê-lo feito pelo confronto com a esfinge, descobrindo-se nas entranhas de suas sombras explicitadas na monstruosidade.

Casar-se com a mãe implicaria, como já dissemos, casar-se com a Terra, tornando-a fecunda. Mais que tudo, casar-se com a mãe significa estabelecer a grande *coniunctio oppositorum*, quando então o *Logos* do masculino espiritualizado conjuga-se com o amor, *Eros*, no Ágape Sagrado com *Sofia*.

Édipo buscou a escuridão da cegueira para encontrar-se na luminosidade interior da descoberta de si mesmo.

BIBLIOGRAFIA

ALVARENGA, M. Z. *Momento mítico: a inventividade de Hermes* – publicação pessoal, 1995a.

_____. *Momento mítico: o julgamento de Páris* – publicação pessoal, 1995b

_____. *Momento mítico: os heróis também choram* – publicação pessoal, 1995c

_____. *Amor e Poder, Paixão e Morte*. São Paulo: Junguiana, n. 15, 1997, p. 47-56

_____. *O herói e a emergência da consciência psíquica*. São Paulo: Junguiana, n. 17, 1999, p. 47-56

_____. *A dinâmica do coração – do herói-dever, heroína-acolhimento para o herói-heroína-amante-amado*. São Paulo: Junguiana, n. 18, 2000, p. 133-51

_____. *Caminhos de Humanização*. São Paulo: Junguiana, 22, 2004, p. 69 a 78.

AMARAL, M. T. M. B. Ártemis Sagitária. In: *Mitologia Simbólica*. São Paulo: Casa do Psicólogo, 2007, p. 326 a 342.

APOLODORO: *Biblioteca Mitológica*. Trad., intr. e notas de Julia Garcia Moreno. Alianza Editorial: Madrid, 2004

BAPTISTA, S. M. Esclarecimentos sobre a "Tipologia" de Myers&Myers In: *Mitologia Simbólica*. São Paulo: Casa do Psicólogo, 2007.

BIBLIA ON LINE: http://www.gospelmais.com.br/biblia/ em 25 de maio de 2008.

BOECHAT, W. Culpa e Cumplicidade: Édipo e Jocasta, http://www.ajb.org.br/jung-rj/artigos/culpa.htm, em 1/7/2008.

BOLEN, J. S. *Os Deuses e o Homem*. São Paulo: Paulus, 2002.

BONDER, N: *A Alma Imoral*. Rio de Janeiro: Rocco, 1998.

BRANDÃO, J. S. *Mitologia Grega*. Petrópolis: Vozes, vol. I, 1986.

_____. *Mitologia Grega*. Petrópolis: Vozes, vol. II, 1988.

_____. *Mitologia Grega*. Petrópolis: Vozes, vol. III, 1990.

_____. *Dicionário Mítico-Etimológico*. Petrópolis: Vozes, vol. I, 1991.

_____. *Dicionário Mítico-Etimológico*. Petrópolis: Vozes, vol. II, 1992.

BUENO, F. S. *Dicionário Escolar da Língua Portuguesa*. Rio de Janeiro: FAE-MEC, 1985.

BULFINCH, T. *O Livro de Ouro da Mitologia:* Histórias de Deuses e Heróis. Rio de Janeiro: Ediouro, 2002.

BYINGTON, C. A. *Teoria simbólica da história, o mito cristão como principal símbolo estruturante do padrão de alteridade na cultura ocidental*. São Paulo: Junguiana, n. 1, 1983, p. 120-177

CALASSO, R. *As Núpcias de Cadmo e Harmonia*. São Paulo: Companhia das Letras, 1990.

CAMPBELL, J. *Isto És Tu:* Redimensionando a Metáfora Religiosa. Seleção e Prefácio de Eugene Kennedy. São Paulo: Landy, 2002.

CHEVALIER, J. e GHEERBRANT, A. *Dicionário de Símbolos*. Rio de Janeiro: José Olympio, 1996.

DANIÉLOU, A. *Shiva e Dioniso*. São Paulo: Martins Fontes, 1989.

EDINGER, E. F. *Anatomia da Psique*. São Paulo: Cultrix, 1993.

ÉSQUILO. *Prometeu acorrentado*. Trad. de Mário da Gama Kury. Rio de Janeiro: Jorge Zahar, 1998.

_____. *Oréstia (Agamêmnon, Coéforas, Eumênides)*. Trad. do grego e apresentação de Mário da Gama Kury. Rio de Janeiro: Jorge Zahar, 1999.

EURÍPIDES. *As Bacantes*. Trad. de Miroel Silveira e Junia Silveira Gonçalves. São Paulo: Abril, 1976.

FRANCHINI, A. S. & SEGAFREDO, C. *As Melhores Histórias da Mitologia Nórdica*. Porto Alegre: Artes e Ofícios, 2004.

GALIÁS, I. *Psicopatologia das relações assimétricas*. São Paulo: Junguiana 18, 2000, p.113, 132.

GNACCARINI, J. C. O rapto das donzelas. In: *Tempo Social;* Rev. Sociol. USP, S. Paulo, 1(1): 149-168, 1. sem. 1989. Em 1/1/2007 http://www.fflch.usp.br/sociologia/revistas/tempo-social/v1-1/josecesar.html

GRAVES, R. *Os mitos gregos*. Lisboa: Dom Quixote, v. I, II, III, 1990.

GRIMAL, P. *Virgílio ou o segundo nascimento de Roma*. São Paulo: Martins Fontes, 1992.

HESÍODO. *Obras e fragmentos*. Madrid: Editorial Gredos, 1993.

HILLMAN, J. Dioniso na obra de Jung. In: *Encarando os deuses.* São Paulo: Cultrix/Pensamento, 1994.

HOMERO. *A Odisséia*. Trad. Carlos Alberto Nunes. São Paulo: Ed. Três, 1974.

HOMERO. *Ilíada*. Trad. Haroldo de Campos. São Paulo: Ed. ARX, v. I e II, 2003.

JUNG, E. & VON FRANZ, M. L. *A Lenda do Graal, do ponto de vista psicológico,* tradução Margit Martincic & Daniel Camarinha da Silva, São Paulo, Cultrix,1995.

KERÉNYI, K. *Os deuses gregos*. São Paulo: Cultrix, 1993a.

_____. *Os heróis gregos*. São Paulo: Cultrix, 1993b.

_____. *Dioniso*. São Paulo: Odysseus, 2002.

LANG, J. *Mitos Universais*. São Paulo: Landy, 2002.

LÓPEZ-PEDRAZA, R. *Dioniso no exílio*. São Paulo: Paulus, 2002.

OVIDIO. *Metamorfoses*. São Paulo: Madras, 2003.

PLATÃO. *República*. Trad. de Enrico Corvisieri. São Paulo: Nova Cultural, 1997.

PLATÃO. *Protágoras*. Portugal: Relógio D'Água Editores, 2001.

PLATÃO. Diálogos, Protágoras, tradução de Carlos Alberto Nunes, Edições Melhoramentos, São Paulo, 1970

ROSENFIELD, K. H. *Antígona – de Sófocles a Hölderlin*. Porto Alegre: L&PM editores, 2000.

SÓFOCLES: *Antígona*, Trad. do grego e apresentação de Mario da Gama Kury. Rio de Janeiro: Jorge Zahar Editor, 1999a.

_____. *Édipo Rei*. Trad. do grego e apresentação de Mario da Gama Kury, Jorge Zahar Editor, 1999b.

SOUZA, A. C. R: Dioniso In: *Mitologia Simbólica*. São Paulo: Casa do Psicólogo, 2007, p. 283 a 298.

WASSON, R. G.; HOFMANN, A. e RUCK, C. A. P. *El camino a Eleusis*. México: Fondo de Cultura Económica, 1992.

In http://www.fflch.usp.br/dh/heros/personas/edipo/_textos/ pseudoplutarco.html, em 10 de junho de 2008.

a. Laio e Crísipo (2008,1) informe de Dosíteo-Pseudo Plutarco, in Parallela Minora 33 (FGrH 54F1), narrado em *Os Pelópidas*. Traduzido da edição de Felix Jacoby: Die Fragmente der Grieschischen Historiker, Erster Teil, Genealogie und Mythographie, Leiden, E.J. Brill, 1957, p. 295), Trad.de Francisco Murari Pires

b. Eurípides - Fenícias Argumento - Traduzido da edição de Henri Grégoire e Louis Méridier: Euripide, <u>Les Phéniciennes</u>, tome V, Paris, Les Belles Lettres, 1950, p. 151-2

c. Diodoro Sículo (2008,c) – *Crônica - Biblioteca da História*, IV. 64 Traduzido por Francisco Murari Pires da edição de C.H. Old father: Diodorus of Sicily, The Library of History, v. III, London, Heinemann, 1952, p. 19-23

d. Ésquilo, argumento do texto *Sete contra Tebas*, da versão inglesa de Lowell Edmunds, Oedipus. The Ancient Legend and its Later Analogues, London, John Hopkins, 1985, p. 8-9

e. Pisandro, na Escólia de Eurípides sobre as *Fenícias* (2008, e). Trad. por Francisco Murari Pires da edição de Felix Jacoby: <u>Die Fragmente der Grieschischen Historiker</u>, Erster Teil, Genealogie und Mythographie, Leiden, E.J. Brill, 1957, p. 181-2

impressão acabamento
rua 1822 n° 347
04216-000 são paulo sp
T 55 11 2914 1922
F 55 11 2063 4275
www.loyola.com.br